# 白紙からの選択

遠藤保仁
Yasuhito Endo

講談社

僕の長所は、
〝白紙〟になれること。

リセットして、ゼロからはじめれば、
ある程度のことに対応できるし、
型にはまらず、
自分らしく進んでいける。

自分のペースで自分らしく。

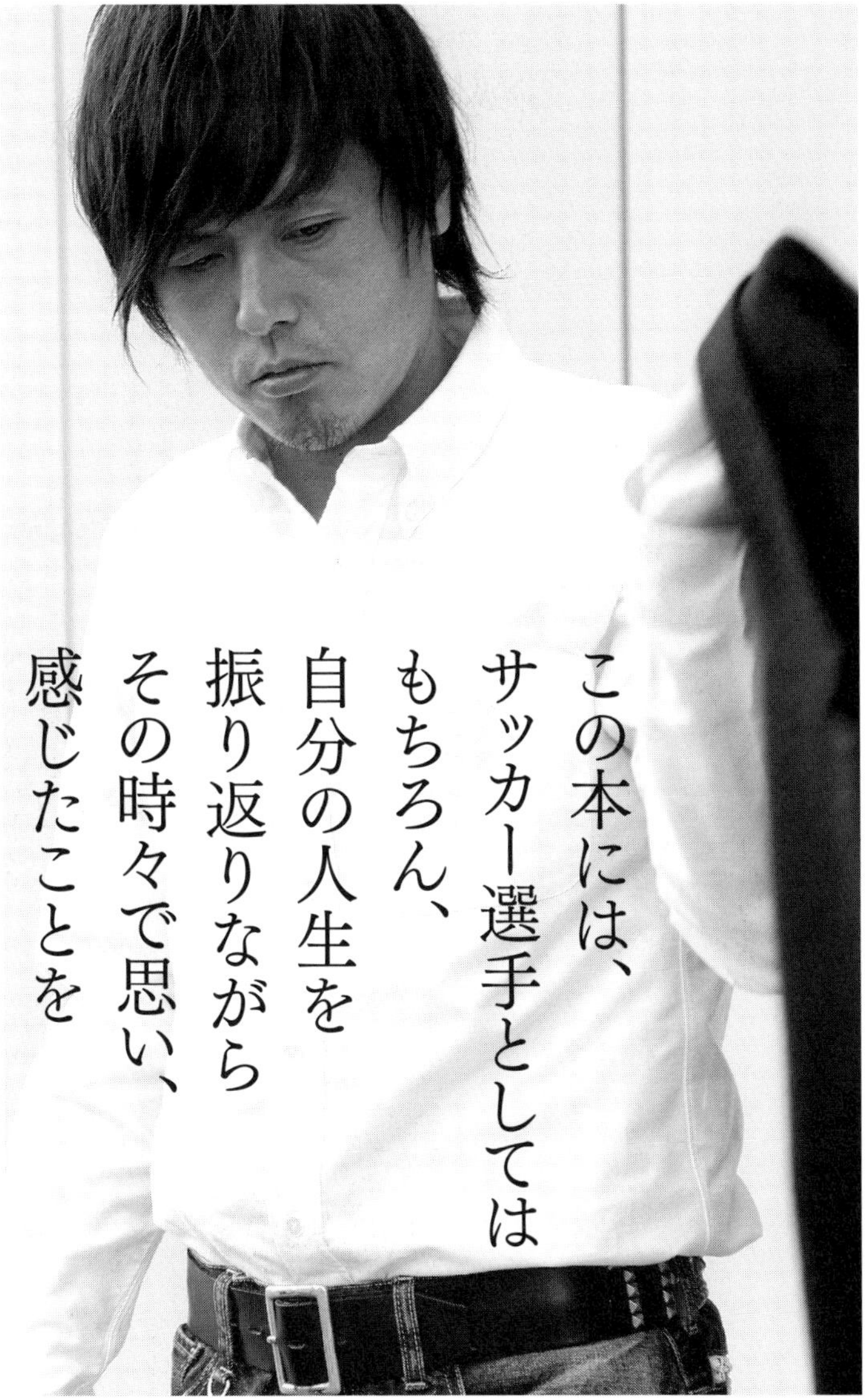

この本には、
サッカー選手としては
もちろん、
自分の人生を
振り返りながら
その時々で思い、
感じたことを
詰め込みました。

他人と比べる必要はないし、
周りの評価を
気にする必要もない。

嫌なら
やらなければいいし、
泣きたければ
泣けばいい。
無理しなければ
いけない時も
ありますが……。

自分らしく生きて
いいんじゃないですか？

# 白紙からの選択

遠藤保仁

講談社

# CONTENTS

CHAPTER 1

# 諦めない「日本代表」

いずれ外れる時もくるし、
いずれ辞める時もくる。
でも、簡単には諦めない。
「選びません」って
言われても。

日本代表の現監督であるハリルホジッチさんが、最初のメンバー発表会見の時に僕の名前を〝日本サッカー界の貢献者〟という形で出してくれましたよね。あの時、貢献者扱いすることを僕に対して「失礼だ」と言ってくれる人もいたみたいですけど、僕自身はまったく気になりませんでした。余計なプライドがないので傷つくこともないし、むしろ、「ハリルさん、俺のことよく知ってたな」と思ったくらいで。

まあ、時は流れるし、日本代表から外れる時は必ずやってくるし、いずれサッカーを辞める時も訪れますからね。若い選手よりいいプレーをすればまた呼ばれるチャンスがあるかもしれないし、いま代表から外れたからといって、それですべてが終わるわけじゃない。「遠藤は絶対に選びません」と言われたわけでもないし……。いや、そう言われても簡単には諦めないかな。今のところまだ、「自分が劣っている」とは思わないので。

# 日本代表の選手たちと

一番のライバルは、やっぱり自分ですよね。目の前の敵に勝つためには、まず自分に勝たなきゃいけない。それは常に自分に言い聞かせながらやっているし、年齢を重ねるにつれて、そういう思いは強くなってきた気がします。

若い頃は常に〝誰か〟との勝負でした。日本代表ならレギュラーの人たちに勝つためにはどうすればいいかといつも考えていたし、かなりの負けん気を持って向き合っていたかもしれません。

逆に今は、日本代表に呼ばれていないので、呼ばれている選手に対して刺激となるようないいパフォーマンスを見せないといけないと思いま

# 同じ土俵で
# 戦いたい、
# 負けたくない。

すね。最近は特に「同じ土俵で戦いたい」「負けたくない」という気持ちが強い。だから、今の一番のライバルは自分、かな。

初めて日本代表に呼ばれたのは、2002年の秋（11月20日に行われた国際親善試合アルゼンチン戦でA代表デビュー）。呼ばれる予感はあまりなかったけど、嬉しかったですよ。ひとつの目標でしたし、オリンピックが終わったら次はA代表という感じだったので。

でも、メンバーを見て、正直、「ハードル高いな」と思いました。同年代の代表でもベンチに座るくらいなのに、例えばヒデさん（中田英寿）とか、シュン（中村俊輔）とか、さらに上の年代の選手たちも一緒にやるとなれば、そりゃあ大変だろうなと。もちろん、「楽しそうだな」とも思いましたけどね。

アルゼンチン戦はちょっと不思議な感覚でした。だって、それまでサッカーゲームで操っていた選手が普通に目の前にいるんでね。（アリエル）オルテガとか、（ファン・セバスティアン）ベロンとか。あの試合を経験して、「もっとやりたいなあ」という気持ちが高まったことだけは覚えています。

代表デビュー戦は
不思議な感覚。
それまで
サッカーゲームで
操っていた
選手たちが、
目の前にいたから。

初めてW杯に出場した時の
気持ちは、
初めて自転車に乗れた時の、
「あ！ 乗れた！」の
もっと大きいバージョン。

ワールドカップはすごいですよ。何がすごいって、規模がデカい。でもまあ、本音を言えば、観ているだけのほうが興奮します。出場するとなると、内心ではワクワクしていても、やっぱり結果を出さなきゃいけないし、ピリピリもするし、興奮している場合じゃなくなっちゃうので。

初めてワールドカップに出た時の感動……。うーん、そうですね。例えるなら、初めて自転車に乗れた時の感覚に近いかな。「あ！　乗れた！」みたいな。ずっと地道に練習してきて、やっと乗れた時のあの感覚。ワールドカップは、それの〝もっと大きいバージョン〟ですね。もしくは、ずっと欲しかった車を買った時の気持ちとか、1年前に予約した超人気レストランに行けた時の気持ちに近いのかな。まあ、ワールドカップ出場はお金じゃ買えないんですけど、僕の場合は「やっと」という思いが強かったから、似てるっちゃ似てる気がします。

一応言っておきますけど、実際に1年後のレストランを予約するなんてこと、絶対にしないですよ。いくら人気でも予約が取れないなら、サクッと諦めます。

# シドニー五輪でメンバー外だった悔しさ、それが自分の分岐点になった。

過去のことを「いい経験になった」と振り返りたくないので、「ターニングポイントは?」と聞かれても難しいんですけど……。例えば、僕の場合は2000年のシドニー・オリンピックですよね。候補メンバーとして現地まで行きながら、最終的には〝メンバー外〟になってベンチ入りすることさえできなかったので。あれは本当に、ただ悔しいだけ。もっとうまくなるためにはどうすればいいか、強くなるためにはどうすればいいかを具体的に考え始めた年でもあるので、分岐点と言えばそうなのかな。あの悔しさは頭の中に鮮明に残ってる。

最終メンバー入りしながらフィールドプレーヤーで唯一出場できなかった2006年ワールドカップ・ドイツ大会のこともよく言われますけど、ワールドカップの場合はそういうことも十分にあり得るので。悔しさの度合いとしては、シドニーのほうが圧倒的に大きいですよ。僕だけじゃなく、同じタイミングで〝メンバー外〟になった吉原宏太さんも、(山口)智も、曽ヶ端(準)も、きっと同じだと思います。彼らもこの悔しさを力に変えたいと思ったはずだし、二度と味わいたくないと思って努力したと思う。今になって振り返れば「いい経験だった」と言えるかもしれないけど、当時は違いますよね。だから、結局は結果論でしかないんです。

サッカーで行ったところには、その頃聴いていた音楽と一緒にサッカーの記憶がちゃんと残っています。

2010年のワールドカップ・南アフリカ大会の1戦目、カメルーン戦に向かうバスはコンちゃん（今野泰幸）が隣に座っていたんですけど、バスがスタジアムに到着するタイミングで、ちょうどその時聴いていたHYの「366日」が終わったんですよ。あまりにもドンピシャのタイミングで曲が終わったので、「あ、今日の試合、勝ったな」と思いました（結果は1－0で勝利）。あるんですよね、そういうことが。

特に、外国に行くと、その時に聴いていた曲を思い出しますね。ブラジルだと、安室奈美恵さん。高校生の時に短期のサッカー留学をしていたんですけど、その時によく聴いていたなって。

HYの「366日」を聴きながら会場に向かったW杯。バスが会場に到着した瞬間、聴いていた曲もピタリと終わった。その時、「今日は勝ったな」って思った。

好きなことを
仕事にしているからこそ
謙虚でなきゃいけないと思う。
代表を外れたり、
代表で試合に出して
もらえなかったりして、
文句言ってる

# 選手がいたとしたら……、ふざけるな！　って言いたい。

僕ら選手は、本当に恵まれてますよね。好きなことをして、お金をもらって、それで生活して。それって、一番幸せじゃないですか。飽きるわけないし、楽しいに決まってる。だから、たまにイラッとすることがあるんですよ。例えば、日本代表で試合に出られなかったり、招集されなかったりして、それに対して文句を言っているヤツがいるとするでしょ？　そういうヤツに対しては、「ふざけるな」と思いますよね。世の中、好きな職業に就ける人ばかりじゃないのに、好きな仕事をして、お金をもらって、代表に呼ばれるまでになって……、その時点でめちゃくちゃ幸せなことだろと。「そのくらいで文句言うな！」って、さすがに思いますよ。

もちろん、考え方は人それぞれなんですけど、好きなことを仕事にしているからこそ、謙虚でなきゃいけないと僕は思いますね。

10年後のサッカー界を
背負っているのは、
今の代表選手たち。
だから、代表選手は
中途半端な気持ちで
あの舞台に立ってはいけない。

ワールドカップに出場して思ったことは、代表選手はサッカー界の未来を背負っているということ。特に、2006年のドイツ大会と2010年の南アフリカ大会。今の小さい子供たちがワールドカップを見て、「日本代表ってカッコいい」とか、「日本代表ってワールドカップで勝てるんだ」とか、「俺もワールドカップに出たい」とか思う子供が増えると、サッカー界全体の裾野が広がりますよね。それまでサッカーに興味がなかった子が興味を持ち始めたり、野球とサッカーのどちらをやろうかと迷っている子がサッカーを選んでくれるかもしれない。そうなれば、10年後、その子供たちが大人になった時に、すごい能力を持った選手が出てくる可能性が一気に高まると思うんです。すごい選手がいれば、当然、ワールドカップで勝てる可能性も高まる。10年後のサッカー界を背負っているのは、今の代表選手なんですよ。

だから、代表選手は中途半端な気持ちであの舞台に立っちゃいけない。常に10年後のことを考えながらプレーしなきゃいけないんです。僕はそう思った時に、日の丸を背負うことの重み、その誇りを強く感じました。20代後半から30歳前後にかけて、そのことを深く考えるようになりましたね。目の前のことだけじゃなく、もっと広い視野を持ってプレーしなきゃいけないんですよ、代表選手は。

そのことに気づいてからは、代表への思いが一層強くなった気がします。2014年のブラジル大会が終わって、半年間くらい代表から遠のきましたけど、久々に呼ばれた時は本当に嬉しかった。やっぱり、代表っていいなと。今はまた外れているけど、そういう責任を背負いながらプレーしたいという気持ちは強いですよ、本当に。

呼ばれ続けている
時も思ったし、
外れてしまった
今も思っている。

「代表の
ユニフォームが
着たい」

サッカーを続けている以上、やっぱり、日本代表には入りたいと思いますよ。その気持ちは変わらないですね。明らかに自分が劣っていると感じれば「代表を引退します」……、とはたぶん言わないけど、諦めがつくかもしれない。でも、今のところはそんなことはないのでね。

ワールドカップ・ブラジル大会が終わって、ハビエル・アギーレが代表の監督になって、僕、メンバーから外れるようになったじゃないですか。その時に思ったんですよ。「やっぱり、(代表の試合は外から)観るものじゃないな」って。それから、「俺、何やってんだ」とも思ったし、試合を観ながら「俺がいたら……」とも考えました。

だから、半年ぶりに代表に復帰することができた時（2014年11月）は嬉しかったですね。改めて、「やっぱりいいな」と思いました。あの時は、特に。

きっと、周りには「若い選手を育てたほうがいい」と言う人もいたと思うし、その意見もよくわかるんですけど、だからこそグラウンドの上で証明するしかないなと。そういうことも含めて、代表っていいものですよ。すげー思いましたもん。幸せだなって。言葉で説明するのはすごく難しいんですけど、やっぱり特別な場所なんですよ。それをずっと経験してきたからこそ、日本代表としての誇りとか責任とか、そういうものを背負いながらプレーし続けたいと思うんでしょうね。

# 「歳取ったわ〜」って冗談で言うときもある。でも、体力の衰えを感じたことはない。

今、35歳。体力的な衰えを感じたことは……。まあ、一般的には「落ちる」のが当たり前だし、科学的にも証明されていることなんで、たぶん僕にもあるんでしょうね。ただ、自分では「体力が落ちたな」とか「試合中に走る量が減ったな」とはあまり思いません。サッカーの場合、基本的には週に1試合。ゴールデンウィークとか、日程が立て込んでいる時は2試合ある時があるんですけど、僕はそっちのほうが好きなんですよ。試合はたくさんあるほうが、なぜか体力的にもキツくない。

若手と話している時に、「歳取ったわ〜」と言うことはよくあります。でも、ただの冗談。グラウンドに入ったら、足が痛かろうが、体がキツかろうが関係ないので、言い訳は絶対にしない。本当に疲れて体が動かないなら、自分から交代します。でもまあ、僕の場合、試合をやっているうちに足の痛みが治まるということが結構あるんですよね。不思議なもんで。

# 衰えに対する怖さ？まったくありません。いつレギュラーを取られてもおかしくない年齢。それでも、レギュラーを保っていいプレーをしたらカッコイイでしょ？

もちろん、「何歳までプレーできるんだろう」と思うことはたまにありますよ。でも、基本的にはノープラン。続けたいと思ううちは続ける。辞めたいと思ったら辞める。そういうスタンスなので、38歳になったら38歳の楽しみ方を見つけたいと思うし、年齢だけで自分の限界を決めるようなことはしません。

サッカー選手でいるうちは、抱えている欲求は常に同じ。常に試合に出たいし、活躍したいし、日本代表でプレーしたい。ただ、20代前半と今とではサッカーの楽しみ方が大きく変わっているし、あと数年プレーしたら、また変わるかもしれないですよね。欲求もさらに強くなるかもしれない。そういう自然な流れに、身を任せるだけだと思います。

まあ、普通に考えたら、35歳、36歳という年齢はいつレギュラーを取られてもおかしくない時期だと思いますけどね。でも、そういう年齢になっても常にレギュラーを張って、チームの中心としていいプレーをしていたら、カッコいいと思うじゃないですか。僕は単純に、そうでありたい。高い目標も持っていたい。

# 昔の自分と、今の自分を比べる？ないですよ、ないない。

例えば、「若い頃はこういうプレーができていたのに」とか、そう思うこと……、ないなあ～、あるのかなあ～。いや、やっぱりないですね。昔の自分と今の自分が違うのは当たり前だし、自分に対しては結構どっしりと構えてますから。若いヤツに負けたら、それはそれで受け入れて、「もっと頑張ろう」と思いますよ。そういうことは気にしない。むしろ、「どこを補えば勝てるんだろう」と考えますね。

ちなみに、若い選手たちに対して「アイツ、すげーな」とか「いい選手だな」と思うこともよくあります。「こういう選手が代表に入ったら、面白くなりそうだな」とかね。年齢を重ねることで、〝全体〟を見る楽しみが増えたのかも。「余裕がある」と言えば、聞こえがいいのかな。

２０１３年、ワールドカップのプレ大会としてブラジルで開催されたコンフェデレーションズカップに出場して、圧倒的に「一瞬のパワーが足りない」と感じました。大会直後からその課題の克服に取り組み始めて、１年。ワールドカップを迎えた頃には、一瞬のパワーと、そのパワーをできるだけ継続させるという部分では間違いなく強くなりましたし、実際にそういうプレーが増えて、さらに回数を増やせるようになってきています。この感覚は自分にしかわからないんですけどね。

「足りない」と痛感したのは、コンフェデレーションズカップ初戦のブラジル戦。それ以前にも薄々感じていたんですが、その試合で「これだ！」と確信しました。僕の場合、すぐに忘れちゃうので、ホテルに帰ってすぐにメモりました。普段はそんなことをしないので、よっぽど大きな衝撃というか、「やらないとマズい」という危機感があったんだと思います。ブラジルってすげーなと思ったし、日本って弱いなと……、あの時は素直にそう思ったんです。

# 気持ちがあれば、何歳になっても成長できる。

# いつか引退したら、自慢くらいするでしょうね。「日本で一番多く試合に出たんだよ」って。

傲慢になったり、自惚れたりすることは絶対にない。でも、いつか引退したら自慢くらいはするでしょうね。日本代表としての出場試合数は、間違いなく〝自慢ポイント〟。「俺、これだけ頑張ったんだよ。日本で一番多く試合に出たんだよ」って自慢しちゃうと思いますよ。

Jリーグのベストイレブンに選ばれた回数（2014シーズン終了時点で11回は歴代最多）も自慢ポイントかな。あれって、監督と選手の投票を基に選ばれるんですけど、選手から評価されるというのはすごく嬉しいし、自慢していいと思う。引退して時間が経てば、僕のことを知っている子供たちなんてどんどん少なくなっていくだろうから、そういう記録のことを話せば少しはわかってもらえるかもしれない（笑）。でも、現役でいるうちはそんなことしませんよ。まだまだ記録を伸ばせる可能性がありますからね。

## 誰にも抜かれない記録は……。さすがにムリっしょ（笑）。

サッカーでは常に「上には上がいる」ので、自分の上にいる人はすべて追い越したいと思いますよ。そういう気持ちも、自分にとってエネルギーになる。誰にも抜かれない記録を作るというのもいいですね。日本代表としての歴代出場試合数は1位（152試合）なので、それをもっと伸ばすとかね。世界記録は、確か180試合くらいだったかな（歴代最多は184試合でエジプトのアーメド・ハッサンが記録）。そこまでは……、さすがにムリっしょ（笑）。でもまあ、そうやって言いながら自分に刺激を与えるんですよ。「もしかしたら」って思う感じも好きですしね。

# きっと僕には、「プライド」がないんだと思う。

最近、ときどき考えるんですよ。「プライドが邪魔する」って、よく言うじゃないですか。その「プライド」って、いったいなんなのかなと。

そんなことを考えるようになったのは、2014年のワールドカップ・ブラジル大会が終わって、日本代表に呼ばれなくなった頃からですね。僕の場合、それによって「プライドが傷つく」という感覚は一切なかったし、その他の感情も特に湧いてこなかった。でも、周りの人は僕以上にそのことを気にしてくれたみたいで、つまり「年齢を理由に遠藤を代表に呼ばないのはおかしい」という話になる。

きっとそれって、僕のプライドを気遣ってくれているんですよね。じゃあ、そもそも彼らから見た僕の「プライド」って、なんなのかなと。これまでの実績のこと？　それとも、他人から見た僕の実力のこと？　それが分からないから、興味が湧いてきたのかもしれません。

ほら、よく聞くじゃないですか。年齢を重ねて、少しずつ身体が動かなくなって、自分のイメージどおりにプレーできなくなったところで「自分のプライドが許さない」って。そうなるとサッカーが楽しくなくなって、引退という決断をする人もいる。でも、僕にはそういう感覚がまったくない。きっと、プライドがないんだと思うんですよ。だって、まだまだサッカーやりたいし、すごく楽しいから。

CHAPTER 2

# 「引退」を考える

10回蹴って2回しか
納得できるキックがなかったら、
「俺、ムリだわ」って後輩に譲る。
そして、その2回を3回に
しようと思わなくなったら、
その時は引退するでしょうね。

引退については、今のところホントにわからないんですよ。ケガをして何もできなくなったら引退しなきゃいけないけど、それくらいしか思いつかない。フリーキックが狙うところに蹴れなくなったら、例えば、10回蹴って2回しか納得できるキックがなかったら、とりあえずキッカーを譲るでしょうね。「俺、ムリだわ」って。

でも、それだけで引退しようとは思わない。ただ、その2回を3回にしようと思わなくなったら、その時は引退するでしょうね。向上心がなくなるということは、サッカーを楽しめていないということだから。楽しめているうちは、どこでもやりたいと思いますよ。Ｊ２でもＪ３でも、必要としてくれるチームがあれば、そこに行きたい。

注目されて
辞めるのは
好きじゃない。
どこでもいいから

# 静かに終わりたい。

注目されて辞めるのは好きじゃない。「あれ⁉　辞めたんですか？」と思われるくらいがちょうどいい。引退試合なんてもってのほかですよ。もしやるとしても、仲のいいメンバーを集めて、そこらへんで草サッカーをやって、みんなで飲みに行って、「はい、終わり！」みたいな。そっちのほうがいいですね。とにかく、どこでもいいから静かに終わりたいんです。

# 海外に行ってみたい。2部でもいい。いろんなところを転々としたい。

海外でプレーしてみたいという気持ちは、もちろん今でもあります。アメリカとかオーストラリア……スペインなら2部でも問題ありません。最後は転々としたいなあ。国内でもいい。いろんなチーム、いろんな仲間とプレーして、いろんな監督にも出会いたい。ポジションだって、GK（ゴールキーパー）以外ならどこでもいいですよ。サッカーを楽しめるなら、何でもいい。漠然と、そんなイメージは持っています。

# 経営者の本を読むことが多くなった。どうやって部下を動かして、会社を大きくしていったのか。自分が監督になり、人を動かす立場になった時、それが生かされるのかもしれない。

本を読むようになったのは、プロに入ってから。最近は、ユニクロ（ファーストリテイリング）の柳井正さんとか、パナソニックの松下幸之助さんとか、京セラの稲盛和夫さんとか、経営者の方の本を読んだりもしています。つまり、大きな組織のトップに立つ人たちが、どんな視点から、何を見たり考えたりしているのかが気になる。いろいろ考えているんだなあって思いますし、高い目標に対してどのようなモチベーションを持っているのかとか、それを部下たちにどうやって伝えているかとか、すごく勉強になります。もし自分が監督になることがあれば、きっと役に立つでしょうね。

# 監督も楽しいかもしれないけど、先輩方の話を聞くと、「現役が一番いいよ」って言うんで……。

先輩方の話は冗談として(笑)、将来は監督になってみたいという気持ちもありますけど、やっぱり、やれるうちは選手でいたいですよね。40歳になっても「全然変わらない」と言われるようになれたらカッコいい。そうなれたら、それに越したことはないと思います。

現役を続けられるような体と気持ちがあれば、現役にこだわっちゃうんだろうな。

監督になったら、たぶんスーツ派じゃなくジャージ派でしょうね。楽だから。それから、熱血漢ではなくクールなほうだと思いますよ。もちろんゴールが決まればガッツポーズもするし、喜びを表現するだろうけど、基本的にはほとんど〝演技〟でしょうね。選手たちを盛り上げるための。でも、こればっかりはやってみないとわかりません。ジャージ派ということだけは確実です。

# もし監督になったら、ジャージ派。

だいぶ昔に、一度だけ解説をやったことがありました。天皇杯だったかな。けっこう大変でしたね。何が面倒かって、人の名前とか特徴を覚えないといけないし、過去の試合を振り返って、試合展開とかも記憶していないといけないじゃないですか。実況のアナウンサーも、僕がすべて把握してると思って聞いてきますからね。困っちゃいますよ……。あれを経験して、解説はいいかな……って（笑）。

面倒くさがりの僕に、解説者という選択肢は、あんまり……。

# 指導する立場になるとしたら、試合に出られない選手たちを鍛え直して、羽ばたいていく姿を見たい。

もし自分が教える側になるとしたら、一番の理想は、自分がクラブのオーナーになって監督を兼務すること。好きな選手を獲得して、好きなように采配するというのが理想です。どっちかというと、小学校や中学校の指導者よりは、トップチームの下で試合に出られない選手たちをどんどん上にあげて、2〜3年後に、その選手の活躍している姿を見たいなって思います。

今のところ何も考えていませんけど、もし監督になったら、今とは違って選手たちにめちゃくちゃ要求するでしょうね。組織のドンだからこそできることを、きっちりやると思います。それに応えられるかどうかは選手次第ですけど。

その時の自分が理想とするサッカーというのは、やっぱりありますよ。でも、僕の理想はものすごく高いので、それを実現するのは不可能に近いですね。それを目指すのが楽しいので、それはそれでオーケーなんですけど。

理想を言葉にすると？　うーん、どうだろう。簡単に言うと、「90分間、敵陣内でサッカーをする」ですよね。ほぼ、というか、絶対にムリかな。でも、ムリなところに向かって進んでいくのが楽しいんですよ、サッカーは。

# 監督になった時の理想は、ものすごく高い。実現するのは不可能に近い。

CHAPTER 3

# 「マイペース」と言われる性格

この
機会に、
反論
します。

実はずっと、「遠藤はマイペース」論に反論したいって思ってたんですよ。マイペースは〝それぞれのペース〟なので、僕だけがマイペースなわけじゃない。もし僕がせっかちな人に「マイペースでいいね」って言ったら皮肉っぽく聞こえるでしょ？　逆もまたしかりで、僕に対する「マイペースでいいね」という言葉は、言われた僕にはまったく理解できないんですよ。ゆっくりしてればいいってもんじゃないからね。

というわけで、この機会に反論します。確かに僕はマイペースですけど、皆さんにもそれぞれのマイペースがあるわけですから、「遠藤はマイペースでいいな」とは思わないでください（笑）。

僕だけじゃなく、
みんな
〝マイペース〟
ですよね？

以前、何かのインタビューで「遠藤保仁とは?」と聞かれて、「普通」と答えました。特に深い意味もなくそのままなんですけど、つまり、僕のことは僕しか知らないわけで、僕は僕の基準でしか僕を見られないわけだから、「普通」でしかあり得ない。わかりにくいと思うんですけど、わかりますか?(笑)

簡単に言えば、僕以外の人がイメージしている〝遠藤保仁像〟は、僕の関知しないところで作り上げられたものなんですよ。ポジティブなものも、ネガティブなものも、全部そう。だから、自分に対する評価を求められても、困ってしまいますよね。自分は自分。僕にとっては何をやっても普通のことなので、「遠藤保仁とは?」と聞かれても、やっぱり「普通」と答えるしかない(笑)。

あえてもう一回言いますけど、僕、よく人から「マイペースだね」と言われるんですよ。でも、それはちょっと違うと思う。だって、「マイペース」って、〝自分のペース〟ってことでしょ? 早く歩く人も、ゆっくり歩く人も、その人にとってはそれが〝マイペース〟。だから別に、僕だけじゃなく、みんな〝マイペース〟ですよね?

よく「遅い」って言われる。
自分で言うのもアレですけど、
「遅い」と思ったことは一度もない。
より効率的なプレーをしてるだけ。

足は遅いですよ。昔からそう。行動も、人に言われるからたぶん遅い。でも、プレーする上で、考えるスピードが遅いということは絶対にないと思います。そもそも〝スピード〟に対する考え方が違うのかもしれません。

プレー中の僕を見て、遅いと感じる人に向けて説明しますね。例えば、相手ゴールに背を向けてパスをもらうとするじゃないですか。自分が相手にマークされていない場合、だいたいみんな「前を向け」と言うんですよ。でも、僕が前を向いてしまったら、それによって僕の後ろにいる選手はプレーに関与できなくなりますよね。トラップからターンして、前にいる選手にパスをするまで3秒。でも、ターンせずにダイレクトで後ろにいる選手にバックパスを出して、その選手が前にいる選手にパスを出しても同じく3秒。時間的にはほとんど変わらないんです。

何が違うかというと、ボールに関わる人数が違う。僕がターンをした場合は2人。後ろの選手を使った場合は3人。フリーなのに前を向かず、後ろの選手を使うプレーは「攻撃を遅らせている」と見られることがあるけど、実はそうとは限らない。

時間的に変わらないなら、僕は可能性を広げるプレーを選択したい。それを考えるスピードは速いと思うし、「攻撃を遅らせた」と言われるのは、ちょっとアレですよね。いや、だいぶ違う気がするかな。何がより効率的かを考えて動いているだけなので。

# 緊張しなくていいねってよく言われるけど、いいのかどうか

　これぱっかりは説明しろと言われてもできません。基本的には緊張しません。どんな状況でも、どんな舞台でも。よく言われるんですよ。「緊張しなくていいね」とか「いつもマイペースでいいね」って。

　でも、緊張しないことが〝いいこと〟とは限らないですよね。ただ、自分にはそのほうが合っているというだけの話。緊張するヤツはすればいいし、イメージトレーニングをしなきゃグラウンドに立てないというヤツは、そうすればいい。その人の性格に合った緊張のレベルがあるはずで、〝緊張ゼロ〟が僕の性格に合っているだけ。緊張し

# なんてわからない。緊張するならすればいい。

たほうがいいパフォーマンスを発揮できる選手もいますから、どっちがいいとは言えないですよね。自分のことは、自分にしかわかりませんから。

　勘違いされないように言っておくと、そりゃあ、僕だって「ドキドキする」という感覚はありますよ。例えば、恋愛とか(笑)。その他では……、やっぱりほとんどないかなあ。サッカーの場合、ポジティブな刺激のほうが気になるんですよ。「ここで活躍すれば！」とか「ここでゴールを決めれば！」とかね。子供の頃から、ずっとそうだったと思います。

基本、
何も考えてません。

「プレー中に何を考えているのか」とよく聞かれるんですが、たぶん、何も考えてません。1秒後にはすべての状況が変わってしまうのがサッカーなので、いちいち考えていられないというか、考えているけど考えてないというか……、うーん、説明するのが難しいですね。

ただ、自分の動きや頭の中にあるイメージを相手に読まれないために、テレビには映らないところで細かいフェイントを繰り返しています。もし相手に考えていることや動きを読まれていないとしたら、何も考えていないからではなく、そのおかげでしょうね。トラップする瞬間に体の向きを少しだけ変えたり、パスをする直前に足の角度を変えたり、走る方向やスピードを細かく変化させたり……。ちなみにそれ、ロナウドから学んだんですよ。レアル・マドリードのクリスティアーノ・ロナウドじゃなく、元ブラジル代表のロナウドのほう。元祖「怪物」ですよね。

2006年のドイツ・ワールドカップでブラジルと対戦した時、僕は出場してませんけど、ロナウドのマークに付いた坪井（慶介）が言ってたんですよ。「頭がめっちゃ疲れる」って。

ロナウドはほとんど走らない。1試合で5キロとか6キロとか、たったそれだけ。普通の選手は10キロくらい、多いと12キロという選手もいるので、それと比べたら半分しか走っていないことになる。だから、体力的なことだけ言えばマークするのはそれほど苦じゃないと思うんですけど、ロナウドはほとんど同じ場所にいるのに、細かいフェイントの数がすごいんですって。

マークするほうはずっと集中して見ていないといけないから、体じゃなくて頭が疲れる。目線だけのフェイントとか、体の力の入れ方のフェイントとか、もっと言えば雰囲気のフェイントとか。坪井からその話を聞いて、「なるほど」と思ったんですよね。だから、誰も気づかないようなところで細かいフェイントはたくさん入れています。サッカーはダマし合いなんでね。

# 何も考えなきゃいいんですよ、単純な話。

遠藤保仁という選手のプレーを客観的に見たら……、ある程度はやっかいな選手なんじゃないですか？　何考えているのかわからないから。僕の長所はそこだと思います。常に「白紙」の状態でいられるところ。ま、短所にもなりえるんですけどね。「白紙」になるコツは、ありません。何も考えなきゃいいんですよ、単純な話。

ストレスを溜めたことは、たぶん一度もありません。その場その場で感じることもあるし、イラッとする時もあるし、うまくいかないと感じることもありますよ。僕の場合、それを発散するというより、すべて流す。サッカーでは「まったく同じこと」は絶対に起こらないので、ひとつひとつのプレーや感情に左右されても仕方ないんです。それって、サッカーだけに限らないと思いますけどね。人生で「まったく同じ状況」って、たぶんほとんど遭遇しないじゃないですか。だからパッと切り替える。「考えてもムダ」と思っちゃうので、そういう意味では、ストレスに鈍感なのかな。いや、それを感じて流してるんだから、鈍感ではないか。

# ストレスは、発散するというより、流してしまう。

# 若い頃はめっちゃ怒られましたよ。でも、基本的には無視。

若い頃は、プレーで〝はみ出す〟ことばかり考えてました。組織の一員としてはみ出すのはダメですよ。集合時間は守らなきゃダメ。「サンダル禁止」と言われたらサンダルを履いちゃダメ。そういうのはちゃんと守らなきゃいけないけど、グラウンドに立ったならその枠からどんどんはみ出せばいい。だって、ボールを持ったら、その人が王様ですから。

プロになったばかりの頃はめちゃくちゃ怒られました。よく覚えているのは、試合中にアウトサイドキックでパスを出したんですけど、それがミスになって相手にボールを奪われたんですよ。まあ、それが〝チャラいプレー〟に見えたんでしょうね。当時の横浜フリューゲルス（1998年に解散）にはサンパイオという現役ブラジル代表の選手がいて、「遊びじゃねえんだぞ！」と怒られました。でも、基本的には無視。こう言ったらまた怒られるかもしれないけど、怒られてもまったく気にしませんでした。「はいはい」とは言ってましたけどね。

僕に対する「マイペース」という印象って、きっとハーフタイムにシャワーを浴びるとか、運転する車のスピードが遅いとか、そういう情報から浸透しているんでしょうね。でも、勘違いされると嫌なんで一応言っておくと、僕、「ハーフタイムにシャワーを浴びるな」と監督に言われたら、浴びませんよ。つまり、ルールを無視するようなことはしてないということです。そもそも、僕がシャワーを浴びるのは、15分間のハーフタイムのうちのほんのわずかな時間だけです。5分も10分もシャワールームから出てこなかったら、そりゃあ禁止されてなくても怒られると思います。でも、僕の場合はユニフォームを脱いでから出てくるまで、たぶん2分くらい。誰にも迷惑かけてないし、誰も気にしてません。監督の話が始まるまでだいぶ余裕があるので、まったく問題ないと思いますね。言いたいのは、僕の行動はあくまで「ルールの範囲内」ということです。

# 迷惑を掛けるようなら、ハーフタイムにシャワー浴びたりしない。

「ミスをしたくない」という気持ちって、誰にでもあるじゃないですか。僕の場合はほとんどないけど、そういうふうに思ってしまう人の気持ちは何となくわかる。

例えば、地域トレセン（選抜チーム）の選考会。「受かりたい」と強く思うほど、限られた時間の中で「ミスをしたくない」と思うのは当然のことですよね。

でも、もし僕が〝選考する側〟の人間だったら、たぶんミスなんてまったく見ないし、気にしません。「この選手の持ち味はどこなんだ？」と思うし、そういうプレーを見たいと思う。たぶん、そう考えるのって僕だけじゃないと思うんですよ。どれだけパスミスをしても、スピードがあってドリブルがうまければ「面白いな」と思う。武器があるなら、そこを評価したい。だから、サッカーでも、そうじゃなくても、ミスを恐れて小さくなるより、自分の武器を理解してそこをしっかりアピールすることのほうが大事だと思いますね。

# ミスの回数なんてまったく気にならない。

# 焦ることがまずない。スパイクを忘れたら？誰かのスパイクを借ります。

焦ること……、あるかな……。基本的にないですね。例えば、飛行機。遅れてしまったら次の便で行けばいいし、それがその日の最終便だったら、1日遅らせてどこかに泊まればいいので。スパイクを忘れたら？誰かのスパイクを借ります（笑）。

　子供たちにも言っているくらいなので、他人に迷惑を掛けるようなことはしません。もちろん、「これを失敗したら社長のクビが飛ぶ！」とか言われたら、さすがに焦りますよ。でも、そんなことはほとんどあり得ないしね。

ジンクスのようなものは
一切必要ない。
メンタルの調整も必要ない。
僕にとって
〝心を整える〟ことは
意味がないんです。

先に言っておきますけど、これ、まったく批判じゃないですよ。

ほら、ハセ（長谷部誠）が本を書いたじゃないですか。『心を整える。』。ハセにとってすごく大切なことはよくわかるんですけど、あれ、僕としては意味がないんですよ。「整える必要がないから」、ということなんですけどね。

例えば、ジンクスのようなものは一切必要ないんです。それがなきゃダメなのかと考えてしまうから、それこそ常に白紙にすることでどんな状況にも対応したい。仕事をする前に1、2、3って必ずこなす順番があるとして、もしアクシデントが起きたら対応できない、では困るでしょ。だから、常に真っ白な状態にしておいて、いつもの1が2になっても、3が1になっても動じないようにするんです。どんなペンでも、どんな色でも、いい画が描けるようにしておきたいなと。

もちろん、それには経験も必要だと思いますね。経験に基づいた自信、それを力に変える強さも必要。とにかく、サッカーに関しては急なアクシデントに対して「準備ができてない」と言いたくないので、いつでも「はいわかりました」と言えるようにしておかなきゃいけない。そのためのベストが、〝白紙〟だと僕は思います。

試合前、スタジアムに向かうバスの中で聴いている音楽は、特にこれと決まった曲はなく、ランダムです。ノリのいい曲を聴いてテンションを上げるのもいいし、バラードを聴いて心を落ち着けるのもいいですよね。何しろランダムなんで、どんな曲が流れても気にならないかな。曲が終わったタイミングで止める人が多いと思うけど、僕の場合、サビの途中でバスが到着してもあっさり消しちゃいますから。

ガンバではロッカールームでもウォームアップエリアでも音楽を流しています。僕の担当はウォームアップエリアなので、スピーカーを持って行って適当に。脳トレに取り組んでいるチームメイトいわく、音楽を聴く効果はあるらしいですよ。好きな曲を聴いて気持ちがよくなるとか、あるみたい。でもまあ、僕の場合は特にそういう感じでもないんですけどね。

# 聴く音楽はいつもランダム。〝整える〟必要がないからね(笑)。

# 言いたい人には言わせておけばいい。否定的な言葉には敏感に反応せず、スルー。

サッカー選手だから、周りからいろいろと言われるのは普通のことじゃないですか。それは仕方のないことだし、受け入れるしかない。サッカーを〝観る〟ことについては、自由に意見を言えることも魅力の一つだと思うので。ただ、自分に対する意見で「的外れ」と感じるもの、特に否定的な意見に関しては、あまり真剣に耳を傾けないですね。語弊があるかもしれないけど、僕の場合、スルーしちゃいます。

それでもやっぱり、いろんな意見が耳に入ってきますよ。あまりにも事実とかけ離れたものについては「それはちょっと違うんだけどなあ」と思うこともあります。もちろん、それをテレビカメラの前で指摘するようなことはありません。「遠藤の責任だ！」と言われたら、それはそれで受け止めることもあるし、スルーすることもあるし……。まあ、それだけ期待されているんだろうなと理解しています。

## 僕のサインは一筆書き。サラッと書き終わるから、「もう終わり?」って、皆戸惑ってる。なんか、すいません(笑)。

初めてファンレターをもらったのは、高校時代だったかな。冬の高校サッカー選手権の初戦が始まる3、4日前に鹿児島から出てきて、グラウンドと宿舎を行ったり来たりする途中に声を掛けられた気がします。高2だったか、高3だったか、覚えてません。内容は「頑張ってください」という感じかな。

プロになったのを実感したのは、ファンレターをもらうようになったことでじゃなく、サインを書くようになったことでです。サインは名前を崩して書くような感じで、自分で考えました。どんどん省略形になっていって、「E」と「Y」と「7」を続けて書くだけの今の形に落ち着きました。ひらがなで「やっと」と書いた時期もあったかな。嫁さんの実家に歴代のサインがあるので、それを見ると「ああ、そんなバージョンもあったな」と思いますね。こだわりは、ありません。

今のバージョンはすぐに書き終わってしまうので、相手が戸惑って「もう終わり?」みたいな反応をする時もあります。なんか、すいません(笑)。

## コロコロPKを蹴らなくなったのは、飽きたから。その時のマイブームだっただけ。

何年か前から蹴らなくなりましたけど、理由は特にありません。あえて言うなら「飽きたから」。「騒がれすぎてイヤだったのでは？」と言う人もいましたけど、そういうことでもないんです。注目してもらえるのは嬉しいいし、自分でも蹴り方を公表しちゃってましたし。「こうやって蹴るから、止められるなら止めてみろ」という感じでした。ただ、かなり長い間ずっと同じ蹴り方をしてきたので、「もういいや」と思ってやめました。やりたくなったら、またやりますよ。

ちなみにＰＫは好きでも嫌いでもありません。「蹴るな」と言われれば、「わかりました」と答えます。

# 「7」＝遠藤
# そう思ってくれるのはありがたい。
# でも、誰かが欲しいと言えば、
# 「いいよ」ってあげる。

背番号に対するこだわりは、一切ありません。ただ、「7＝遠藤」と周りの人が思ってくれることはありがたいですね。でも、誰かが「欲しい！」と言えば、たぶんあっさり譲っちゃうと思います。

子供の頃の背番号は10番が多かったかな。ちなみに出席番号は、いつも5か6だった。だから、「7」に対する思い入れは……、やっぱりない（笑）。スーパーで7番のレジに行こうとは思わないし、下駄箱やロッカーの前で7番を探すこともありません。

# CHAPTER 4

# ヤット的「サッカーマインド」

# 選手の評価は「給料」。

僕らの仕事は、グラウンドの上で残す結果が、そのまま自分の評価に直結します。選手の評価は、簡単に言ってしまえば給料。自分がいいプレーをすればチームが勝つチャンスは増えるし、チームが勝てば給料も上がる。だから、「勝つ」ということを無視してプレーすることはできません。それをやってしまったら、チームにも家族にも迷惑を掛けますから。そういう責任を感じながらやらなきゃ、プロじゃないと思いますよ。

休む時は休む。
なんでオフの日に
ボール蹴らなきゃ
いけないの？
休みでいいでしょ。

僕は〝オン〟と〝オフ〟の切り替えを徹底するタイプなので、休みの日に体を動かすようなことはありません。シーズンオフは、一度も体を動かさないし、一度もボールに触らない。だからシーズンの最初のトレーニングは、100でも50でも30でもなく、〝ゼロ〟の状態で始めます。

そんな状態で合流するのは、たぶん僕だけですね。自主トレをやって、ある程度体を作ってくる選手がほとんど。ケガの防止率を高めるためにも、そのほうがいいに決まってるんですよ。ただ、僕の場合はこう思っちゃうんですよね。「何のための休みなんだ?」って。

1週間体を動かさなかったら、取り戻すまでにその倍の時間がかかると言われているので、3週間も何もやらなかったら、本来のコンディションを取り戻すまでに1ヵ月以上かかりますよ。だから、合流直後はひどいもんですよ。体はまったく動かないし、ボールもまったくコントロールできない。筋肉痛もすごいんで、自分でも「キツいな」と思います。それでも、「オフ中にトレーニングしておけばよかった」とはまったく思わない。もどかしさもゼロ。自分の体と相談しながらゆっくり調整して、最初は絶対に100%でやらない。ダメだと思ったら無理をしない。そうやって、ケガをせずに、シーズン開幕のタイミングにうまく合わせることしか考えていません。

休みの日の過ごし方はそれぞれ。「休む時は休む」。僕は、わざわざ休みの日に会社に行くことはないと思うタイプなので、それを徹底しています。

# 「やりたくない」と思ったら、やらない。それが継続の秘訣。

自分に足りないと思うところに関しては、チーム練習後に自主トレをやって補うこともあります。でも、例えば筋トレのように地味なトレーニングって、なかなか先が見えないというか、見えづらいところがありますよね。「強くなりたい」、「うまくなりたい」、「もっと成長したい」という思いだけで支えるしかない。

僕の場合、「毎日このメニューをやろう」と決めていたとしても、「やりたくない」と少しでも思ったらやりません。「やりたくない」と思ったらコーチに正直に伝えて、無理しない。逆に、それが継続させることの秘訣だと思うので、そのスタンスは変えません。

# 「0」を「10」にしたいのに「1」になるくらいじゃ、やっても意味がない。

選手でいるうちは、自分に厳しく。とはいえ、「なるべく」ですよ。妥協してしまったとか、手を抜いてしまったとか、普通にありますから。気が向かなかったらやらないし、そういう状態で無理にやっても、自分のためにならない気がする。そう思っている時点で、たぶん、大きなプラスにはならないと思うので。

そりゃあもちろん、やらないよりも、やるほうがいいのかもしれないですよ。でも、「0」を「10」にしたいのに「1」になるくらいじゃ、やっても意味がないかなと。そのへんはすべて自分の判断で、トレーニングを見てもらっているフィジカルコーチに「今日は疲れたからやめとく」と言うことはよくありますよ。そのかわり、やらなかった分は、どこかで必ず取り戻すようにしていますけどね。

風邪をひいても、ひいていないと思えばいいんですよ。もしくは、寝れば治る。だから、薬はほとんど飲まないですね。

故障した箇所の痛みを和らげるために、ドクターから痛み止めの薬をもらってプレーする選手もいます。でも、僕はほとんどもらわない。むしろ、痛みを感じながらプレーしたい。薬を飲んだり、痛み止めの注射を打って痛みを感じなくしてしまうと、限界を超えたプレーをしてしまいますからね。その試合中はそれでいいかもしれないけど、3日後に試合があったらケガはさらに悪化している。それがイヤなんです。そうなってしまうくらいなら、痛みを感じながら、その時の自分の100%を表現するほうがいい。それでチームに迷惑を掛けてしまうなら、自分から交代しますよ。でも、ほとんどの場合は自分に対する負けん気が出てきて、最後までやっちゃうんですけどね。

# 病は気から。風邪をひいていても、ひいてないって思えばいいだけ。

# 迷った時は、直感で蹴る！

右か左か、判断に迷ったら直感に頼ります。サッカーは一瞬ですべてを解決しなきゃいけないわけだから、そりゃあもう、直感に頼る時もありますよね。でもそれって、意外と経験に裏打ちされていたりするんですけど。

弱点はちゃんと
受け入れる。
でも、そのままには
しない。

選手としてダメなところ、足りないところはいっぱいあります。それがどこなのか、何なのかはちゃんとわかっているし、見ないようにしようとは思わない。むしろ、そういう弱点をしっかりと受け入れた上で、どうやってカバーするかを考えています。

例えば、僕は足が遅いし、ヘディングも弱い。それは仕方のないことで、「そんなに遅くない」とか「空中戦も嫌いじゃない」というふうには思わない。苦手なものは苦手。ダメなものはダメ。でも、そのまま放っておくわけにはいかないから、他の何かでカバーしようと思う。ゲームの流れを読んでポジショニングでカバーするとか、空中戦を他の選手に任せて、次のプレーで仕事ができるように準備しておくとか。自分の弱点を受け入れられなかったら、僕の場合、サッカー選手としてはダメだったでしょうね。

追い込まれるような環境に、常にいたいと思いますよ。ただ、例えば、試合終盤に0－3で負けていても、「追い込まれた」とは思わない。「この状況から逆転したらすげーな」と思うタイプなので、ピンチな状況に直面して「どうしよう」とは考えないですね。

そもそも、極限まで追い込まれて、火事場で初めて馬鹿力を出すようじゃ、もう遅いと思うんです。だって、「それまで何してたんだ」って話じゃないですか。そうならないように最初から力を出すことが大事で、そのためにはどうすればいいかといつも考えている。もし、ものすごく厳しい状況に立たされたとしても、0・1％でも可能性があるなら気力は落ちません。

火事場で初めて
馬鹿力を
出すようじゃ、遅い。

# その日その日が自分の100%。調子が良くても悪くても。だから、

自分のプレーに対する誇りのようなものはありますし、得意なプレーに対する自信もあります。「これは誰にも負けたくない」と思うプレーもありますよ。でも、自惚れてはいない。だって、〝世界一〟になってませんから。世界一になっていれば平気で言うでしょうけどね。「これは誰にも負けてない」って。でも、それを証明する結果を残したわけじゃないので、そんなことは言えません。

そういう意味では、自分のことを邪魔するような、余計なプライドはないですね。周りから見た僕のイメージはあるから、「今日の遠藤は調子が悪い」とか、「遠藤ならそれくらいやってくれなきゃ

# 自分自身や、他人が作った自分のイメージに押し潰されることはない。

困る」と思われることもあるかもしれない。でも、僕にとってはその日その日が自分の100%なので、それ以上はどうすることもできない。僕が考えているのは、毎回、グラウンドの上でいい画を描くこと。いい画が描けない日があっても「今日の自分はそこまで」と思えるから、引きずることもありません。ただ、それができる日を一日でも多く増やしたいという気持ちでやっているし、自分自身や、他人が作った自分のイメージに押し潰されることはない。周りは期待するかもしれないけど、自分のことを誰よりも理解しているのは自分なんで。

14本のクラブを
使い分けるように
一本の足を
使いこなしたい。

ゴルファーって、14本のクラブをバッグに入れてるじゃないですか。で、距離やボールの状態によってクラブを替えたり、打ち方を変えたりする。それですよ、それ。つまり僕は、14本のクラブを使い分けるように、一本の足を使いこなしたい。同じような蹴り方だけど、足の角度を微妙に変えたり、インパクトの強さをコントロールして、球質を自在に操りたい。

ああ、これ、今の僕にとって一番の目標かもしれないですね。というより、ずっと昔からそうでした。

# 周りの評価なんてどうでもいい。監督とチームメイトから、どれだけ信頼されるか。

自分がまだ若かった頃、例えば井原（正巳）さんとか、秋田（豊）さんとか、名波（浩）さんとか、そういう上の世代の人たちが頑張っているのを見て、「すげーな、この人」と思うことはありました。だから、自分が今の若い選手たちにどう思われているんだろうと思うことはありますけど、基本的には気にしてないかな。若い頃には若い頃の、今には今の楽しさがあって、どの年齢でも純粋にサッカーを楽しめてますから。

極端に言えば、周りの評価なんてどうでもいいんです。大切なのは、今一緒に戦っている監督とチームメイトからどれだけ信頼されるか。それしか考えていないから、ずっとサッカーを楽しめているんでしょうね。

# 自分は楽しく。味方も楽しく。でも、相手はツラく。

理想ですね。駆け引きに勝って、相手をダマし続ければ自分たちは楽しい。振り回されて、走らされる相手はツラい。それができれば、どんな相手でも絶対に負けないでしょうね、たぶん。

ただ、こればっかりは「絶対」と言っていいほど完璧には実現させられません。自分一人じゃできないし、全員の理解というか、感覚的な共通認識があって初めて目指せることで、すべてが噛み合わないと成立しない。でも、僕は常にそれを目指していますよ。どんな状況でも、どんな相手でも。自分もチームメイトも心から楽しんで、さらに相手がツラそうな顔をしていたら、サッカーとしては最高じゃないですか。

# 私生活が充実していれば、仕事は絶対にうまくいく。それにはまず、好きなことを見つけること。僕はそう思ってる。

仕事とプライベートって、切り離して考えることができないと思うんですよ。僕の中では〝順序〟があって、「プライベートが充実すれば仕事もうまくいく」。「仕事がうまくいけばプライベートも充実する」じゃなくてね。

そういう意味では、プライベートの時間を充実させる趣味って、意外と大切なのかもしれませんね。何でもいいと思うんですよ。野球でも、ゴルフでも、ビリヤードでも。休日を充実させてエネルギーを充電できれば、「また明日から頑張ろう」と思えるじゃないですか。だから、もし仕事がうまくいかないで悩んでいる人がいたら、「まずは趣味を見つけてみては？」とアドバイスするかもしれません。

# フリーキックは、平気で譲る。蹴りたかったら蹴っていいよって。僕が蹴れば絶対入るって保証もないですしね。

僕は平気で譲りますね。そこは、シュンや（本田）圭佑とは違うところかな。彼らは「何が何でも自分で蹴りたい」というタイプだけど、僕は譲ります。「必ず決められる」と思うポイントじゃなければ。

やっぱり、フリーキックは日によってまったく違いますからね。ピッチのコンディションとか、スパイクの調子とか、自分のコンディションとか。もちろん角度もそうだし、ボールとの相性もある。極端に言えば、誰が蹴っても入る可能性はあるんですよ。僕が蹴れば入るという保証はないから、自信があるヤツが蹴ればいい。その代わり、ちゃんと練習してあることが前提ですけどね。

ブラジル人だって
同じ人間。
超えられないとは
思っていない。

日本代表では世界の強豪と言われるチームと対戦することができて、それは本当に大きな財産だと思いますね。ブラジル、アルゼンチン、フランス、イングランド、イタリア……。いろんなチームと対戦してきましたけど、やっぱり、サッカーファンなら誰もが知っているチームや選手と対戦するのは、すごく楽しいですよね。

そういうチームと対戦すると、もちろんボロ負けすることだってあるわけじゃないですか。でも、だからと言って「絶対に勝てない」とは思わない。ブラジル人だって同じ人間だし、超えられないとは思ってません。まあ、とはいえ「とんでもない選手」というのは、確かにいるんですけどね。

# ブラジル人が相手でも、パスやトラップなら「俺のほうがうまい」と思える。

実際にブラジル代表と試合をしてみて、「日本人のほうがうまい」と感じた部分はたくさんありました。同じポジションの選手を見ても、「俺のほうがパスはうまい」とか「トラップはうまい」とか思うことはあります。でも、グラウンド上でガチャ！　となった時は負けてしまいますから、やっぱりその差が大きいんだと思いますね。パスやトラップの差はほとんどない。あるのは身体能力の差だけだと思うので、そこさえカバーすることができれば、日本はワールドカップで優勝できると思います。マジで。

サッカー選手としてのゴール……。うーん、あるんですかねえ。まあ、僕自身が究極の理想としているのは「鳥になる」ことなので、それができたらゴールなのかな。

グラウンドを空から見下ろすことができれば、その瞬間に起きていることをすべて把握できるじゃないですか。誰がどこにいて、どこにパスを出せばいいかがわかる。そういう視点というか、視野を持ちたいんですよ。地上にいながら、鳥の目を持つ。それによって、渋滞していてもスイスイ進んで、誰よりも先にゴールにたどり着くというイメージです。

今のところは、何年かに1回、瞬間的にそういう感覚を持てることがあるかどうかという程度。つまり、ほとんどないということですね。前回がいつだったか、覚えてません。瞬間的なものであり、感覚的なものでもありますから。でもまあ、個人として目指すゴールがあるとすれば、やっぱりそこですね。

鳥になりたい……。
鳥のような目を持ちたい。
目から入ってくる情報を増やせば、
サッカーもきっとうまくなる。

# 何より、サッカーを楽しみたい。

サッカー選手としての目標は……、何だろう……。特別なものは、ないですね。ただ、「毎日を楽しむ」というのは昔から思っていることで、もちろんワールドカップに出たいという目標もありますけど、それ以上に、何よりサッカーを楽しみたい。うん、それしかないな。それが一番の目標ですね、サッカー選手としての。

CHAPTER 5

# 「サッカー選手」としての生き方

好きだから、
やる。
それだけ。

僕が子供の頃はＪリーグがなかった。でも、「サッカーでメシを食いたい」とはその頃から思っていました。

うーん、なんでですかね。好きだから、やる。それだけかな。好きなことをやっているから目標を持てるし、ひとつ目標をクリアしても、好きなことだからこそ、また新たな目標が生まれる。その繰り返しですよ。

小5の練習試合の時、
最善の選択だと思って、
利き足じゃないほうのアウトサイドでシュートした。
本来は怒られるようなプレーなのに、
監督は僕を褒めてくれた。
小学生ながらに
「この人、すげーいい監督だな」
と思った。

子供の頃の成功体験とか、褒められた記憶って、すごく大事ですよね。「成功体験」と言っても、どれだけ勝ったとか、あの大会で優勝したとかいう〝結果〟よりも、もっと個人的な〝内容〟のところ。僕の場合は、小学5年の頃に大きなターニングポイントがありました。

僕は、それ以前からアウトサイドでボールを蹴るのが好きでした。でも、それをやると指導者には怒られる。インサイドキックのほうが正確に蹴れるからという技術的な一般常識がその理由なんですけど、それがどうしても納得できなくて。自分としては、すべての選択肢の中から最も効率的なキックを選択しているだけ。それなのに、「カッコつけるな！」「正確にプレーしろ！」と怒られる。それが、小学5年の時、ある練習試合で初めて褒められたんですよ。「いいぞ！　そういうプレーをどんどんやれ！」って。

それ以来ですよね。僕が相手をダマすようなプレーをやるようになったのは。そこからの積み重ねが、今の僕のプレースタイルに直結しているんです。何でもないひとつのプレーだったんですけど、それをちゃんと見てくれて、褒めてくれて、「どんどんやれ」と声を掛けてくれた藤崎信也先生は、僕にとっての恩師。小学生ながらに「この人、すげーいい監督だな」と思いましたよ。あの時、アウトサイドで蹴ることを禁止されていたら、全然違う選手になっていたかもしれないし、もっと言えばプロになれなかったかもしれないですからね。

# 石ころを蹴って回転を覚えた。

キックの精度には、中学生くらいからこだわってましたね。よく壁に向かってボールを蹴っていたんですけど、ちょうどボール一個分くらいの穴があったんですよ。ひたすらその穴に当てる練習をしていました。

それから、小学生の頃って、登下校の間に小さな石を蹴りながら歩いたりするじゃないですか。僕、あれが結構好きで、石のどこを蹴ればどういう回転が掛かるのかとか、どのくらい回転させれば曲がるのかとか、そういうことを考えて、予測しながら蹴っていたんですよね。今になって思えば、あれもまたいい練習だったんじゃないかと思いますよ。わからないもんですよね、ホントに。

# 「宿題はしなさい」って言われたけど、「宿題をしなさい」って言われたことは一度もない。

子供の頃、両親から「勉強しなさい」と言われたことはないですね。「宿題はしなさい」とは言われたけど、「宿題をしなさい」とは言われたことがない。「サッカーと勉強を両立しろ」なんて、一度も言われなかったと思います。

僕のマネージャーが僕の母親に聞いたことがあるみたいなんですが、「サッカーをするために勉強していた」と言っていたそうです。うん、そう言われると、確かにそうかも。早くサッカーしたいから、とっとと宿題を終わらせる。そういう感じだった気がします。

子供の頃は、好きなだけサッカーをやらせてもらったし、好きなだけ遊ばせてもらった気がします。生まれ育った桜島には、当時、塾なんてほとんどなかったし、宿題が終わったら友達と遊ぶしかなかったんで。そういう環境って、僕にとっては良かった気がしますね。勉強はできなかったけど、サッカーだけはめいっぱいやらせてもらえましたから。

# サボることを知って、人を動かすことを覚えた。

僕、中学時代にサボることを覚えたんですよ。あ、ゲーセンに行って練習をサボるとか、そういうことじゃないですよ。サッカーの中で、いかに動かずにプレーをするかを考えていた時期があって、ものすごくキツい練習を、いかに楽して終わらせるかということだけ考えていたんです。外から見れば、「アイツはまったく走らない」「チンタラやってるな」とか思われていたでしょうね。で、考えた結果として導き出した答えが、「人を動かす」ということ。なるべく〝その場〟でパスを受けて、チームメイトを走らせながら、ボールを動かす。それって、間違いなく今でも活きてますよね。とはいえまあ、あの頃、サボらずに真剣にやっていれば、もっとすごい中学生になれていたんじゃないかという気もしなくはないですけど。

時代が時代なら、中学生の僕は「バルセロナでプレーしたい」と言っていた。

日本にJリーグができたのは、僕が中学2年の時。あの頃はもう、ただただ「Jリーガーになりたい」ということしか考えてませんでした。それから、16歳以下の日本代表に選ばれた時から「日本代表に入りたい」と明確に思うようになって、小さい頃からの「サッカーでメシを食いたい」という夢が少しずつ具体的になっていった気がします。ただ、当時はまだ、海外でプレーするという選択肢が頭の中になかったので、もし子供の頃からその目標が持てていたら、また違うサッカー人生だったかもしれないですよね。時代が時代だったら、中学生の僕は「バルセロナでプレーしたい」と言っていたかもしれない。いや、間違いなく言ってると思います。

# 高校時代は、部活、部活、部活。

高校時代は休みなんてゼロに等しかったので、一般的な遊びもほとんどなし。プリクラ撮るとか、カラオケ行くとか、ほとんどやったことないですね。そりゃあ、「いいなあ」とか「遊びたいなあ」とか「夏祭り行きたいなあ」って思ってましたよ。でも、遊んだ記憶なんて、ほとんどないですね。

# すげえ言われましたよ。「手抜いてるだろ」って。

高校サッカーを知っている人ならよくわかると思うんですけど、僕が卒業した鹿児島実業高校って、何となく「根性」みたいなイメージがあるじゃないですか。僕みたいに簡単にポンポンとパスをつないだり、飄々とプレーするタイプの選手はあまりいなかったんで、まったく評価されなかったんですよ。

だから、松澤（隆司）先生にはすげえ言われましたよ。「お前、手抜いてるだろ」って。自分としてはまったくそのつもりはなかったので、「いや、まったく手抜いてないんですけど……」って心の中で答えてました。

後悔していること？　いやあ、そりゃあ、いっぱいありますよ。若い頃に海外に行っておけばよかったとか……。いや、でも、後悔とは違うのかな。もう一度やり直せるのであれば、やってみたいということ。うん、後悔とは、ちょっと違いますね。

そういう時代じゃなかったということもあるけど、やっぱり、チャレンジする勇気がなかったんだと思います。今はもう、小学生でも海外に行くじゃないですか。でも、僕らが若い頃は、そういう道を選択するのが今よりずっと難しかったので。もちろん何人かの選手は海を渡りましたけど、僕には勇気もなかったし、単純にそういうタイミングが訪れなかったということもあると思います。

でもね、ただ「そういう道も経験してみたかった」というだけで、どっちがいいというわけではないと思うんですよ。もし若い頃に海外に行っていたら今の人生はなかっただろうし、今、すごく幸せに感じていることも手に入れられなかったかもしれない。だから、後悔じゃない。「もし、もう一度、この人生を歩むことができたら」と考えたら、「次はチャレンジしたい」と思う感じですかね。今、もし自分が20歳の選手だったら、迷わず行きますよ。絶対に。

若い頃に海外行っておけばよかったと、
ふと思う時もある。
チャレンジする勇気が
なかったのかもしれない。

# 「あの経験があったからこそ」という言葉は、あまり好きじゃない。

理想的なのは、いい経験をして、いい結果を残し続けること。でも、そううまくはいかないですよね。結果によって悔しい思いをしたり、苦しい思いを味わうこともある。もちろんそれも自分が成長するための糧になると思うけど、結果論に過ぎませんから。僕の場合はシドニー五輪で代表メンバーに選ばれながら大会直前でサポートメンバーになり、スタンドで試合を観るだけという経験をしましたし、ワールドカップ・ドイツ大会ではフィールドプレーヤーでただ一人、グラウンドに立つことができませんでした。よくそのことを聞かれるんですが、僕自身は「いい経験になった」とは振り返りたくない。僕たちは選手として結果を残すことを期待されているわけだから、できれば〝いい経験〟だけしたい。だから、悔しい思いや苦しい思いを肯定するのは、ちょっと違うかなという気がします。

# すべてに対してゼロの状態で向き合えば、ある程度は対応できる。

自分の〝型〟を持っていないんです、僕。つまり、どんな状況にもサッと対応できるということ。自分の〝色〟がはっきりしていたり、決まった〝型〟を持っていると、それを塗り替えたり、崩したりすることって難しいじゃないですか。でも、すべてに対してゼロの状態で向き合うことができれば、ある程度は対応できるんです。

# 自分の存在感を発揮するためには、

もちろん自分たちから言うことはないけど、僕らの世代（1979年度生まれ）は世間に「ゴールデンエイジ」と呼ばれていて、今振り返っても、かなり強烈な学年だったと思います。若い頃は「コイツらに勝つためにはどうすればいいのか」しか考えていなかったし、それは、クラブでレギュラーを取ることよりもはるかに難しいことだと感じていました。自分が劣っている部分もたくさんあるし、優れていると感じるところもあった。自分にしかない武器を伸ばして、信頼を勝ち得るためにはどうすればいいのか。そのためには何をすればいいのか。本当にもう、それしか考えていなかったですね。

結論としては、〝自分の土俵〟で戦うことを選択しました。例えば、サッカーはチームスポーツだから信頼関係が大事で、ポジションが重なる（小野）伸二との1対1の勝負じゃない。自分の長所を活かしたプレーに徹して、チームのサッカーを

# 〝自分の土俵〟で戦うしかない。

その流れに引き込む。そういうことにトライしていくうち、ライバルとのポジション争いに勝つことより、みんなと一緒に結果を出したいという気持ちに変わっていったんです。

だから、伸二やイナ（稲本潤一）と自分を比べるようなこともしなかった。僕も10代の頃から世代別の代表チームに呼ばれていましたけど、完全なレギュラーという感じではなかったんでね。あの中で自分の存在感を発揮するためには、〝自分の土俵〟で戦うしかない。フィジカルならイナには勝てない。テクニックなら伸二には勝てない。そのへんを割り切った上で自分の特長を見つけようと思っていたので、意外とあっさりしていたというか、彼らが海外に行って活躍しても、焦りはありませんでした。ただただ、「すごいな」と思っていただけです。

若い頃は自分の弱点を
探そうともしなかった。
でも、弱点を知らなければ、
世界に勝てないと知った。

若い頃は、弱点を隠しながらやっていたことは間違いないですね。「こういうプレーはイヤだなあ」という感情はあって、実際にそれを避けていた。コンプレックスというか、弱点を受け入れるという自己分析ができていなかったんでしょうね。

でも、いろんな経験をするうちに、「うまくなるためには避けて通れない」という結論に達しました。自己分析をして自分と向き合うようになって、「ここを直せばもっといい選手になれる」と考えるようになったんです。

例えば、サッカーでよく言う表現ですけど、「ファイトする」。1998年から4年間、日本代表を率いたフィリップ・トルシエ監督は、グラウンドの上でそれをしっかり表現する選手が好きで、逆に僕自身は、当時、そういう監督が大嫌いだった。「それをして何になる」と思っていたし、姿勢を見せることと、実際に戦うことはイコールじゃないと考えていたので。でも、それじゃあ試合に出られないんですよ。監督に評価されなければ使ってもらえない。戦うとか戦わないとか、それ以前に試合に出られないんじゃ意味がないんです。だから自分と向き合って、そこを改善するしかなかった。

自分の長所には絶対的な自信がある。でも、使ってもらえなければ活かせないし、弱点を補うことで使ってもらえるなら、そうするしかない。いろいろな選手とプレーしたり、いろいろな監督の下でプレーすることで、そういう部分の考え方は変わっていきますね。僕が自己分析できるようになったのは、たぶん20代半ば。代表に入って、超一流の選手やチームと対戦するようになって、試合に出たり、そこで活躍するためにはどうすればいいのかと考え始めたんです。遅いっちゃ、遅いですよね。今さら言っても仕方のないことだけど。でもそこで気づかなければ、また違った選手になっていたでしょうね。もちろん、ネガティブな意味で。

自分の長所には
絶対的な自信がある。
でも、使ってもらえなければ
活かせない。

# 試合中に諦めることは、絶対にない。

2015年の女子ワールドカップ決勝、なでしこジャパンがアメリカに2－5と大敗してしまった試合を見て、「ああ、自分にもああいう経験があったな」と思い出しました。1999年のことだから、もう随分前のことですね。ワールドユース（現U－20ワールドカップ）決勝でスペインと対戦して、0－4で負けました。

ただ、あの時も最後まで諦めなかったですよ。「ヤベえな」と思ってバタバタするというより、「どうすれば流れを変えられるか」ということをずっと考えていた。サッカーって、ホントに何が起きるかわからないじゃないですか。0－4の状況でも奇跡の大逆転は起こり得るんで、試合中に諦めることは絶対にないですね。

サッカーで興奮する瞬間は、やっぱり、勝利の瞬間かな。でも、結果に満足しているというより、過程に達成感を覚えているというほうが強い。

ゴールはそんなに興奮しません。フリーキックもそう。僕の場合、誰でも共有できる瞬間より、たぶん他の人にはよくわからない瞬間に興奮していると思います。例えば、一本のパスで相手3人をダマした瞬間とかね。派手に喜ぶわけじゃないけど、心の中で「よっしゃ」と思ってますよ。「ダマされたな」って、ちょっと笑ってます。

# 興奮する瞬間は、一本のパスで相手をダマせた時。心の中で「よっしゃ」と思ってる。

# ヘンな自信があったんですよ。若さゆえの、勢い任せの自信。

自分のことをコーチに聞くようなことは、代表に入るまではまったくなかったですね。ヘンな自信があったんですよ。若さゆえの、勢い任せの自信。

チームのことなんてほとんど考えていなかったし、自分がいいプレーができればそれでよかった。今振り返ると、たくさん迷惑をかけていたと思いますね。日本代表に入ってから、そういう部分が大きく変わったと思います。

責任の重さに耐えられないと思ったことも、一度もありません。メディアに「遠藤の調子が悪かった」という記事が出ても、イヤだなとは思わない。それだけ見てもらっているということだし、外から見ているだけじゃわからないこともたくさんあるんで、何を言われても気にしないし、責任を問われれば受け止めます。でもまあ、時々、「アレ？　それはちょっと違うんじゃ……」と思うことも、正直に言えばありますけどね。まあ、そこに反応しても仕方ないので、黙々と、落ち着いて、自分と向き合うことが大切なんだと思います。

ただ、これは人によって受け取り方が違うので、特に若い選手に対しては、落ち込ませないように配慮してるつもりです。それは、多くの経験を積ませてもらった人間として当たり前のこと。でもね、結局、こればっかりは本人の力で乗り越えていくしかないんですよ。この世界は、「メンタル強いもん勝ち」。逆に鈍感なヤツのほうがいいのかな。僕は……、どっちでもないですかね。

この世界は、メンタル強いもん勝ち。

僕らの世代が、
一番強かった。
当時はライバル
だったけど、
今は、彼らのファン。

同世代の絆って、やっぱりありますよね。子供の頃から知っていて、互いに意識しながら成長してきたので。みんな若い頃からクラブの中心選手として活躍していたので、Jリーグで対戦する時は気合が入るし、勝ちたいと思う。改めて、すごい学年だったなと思います。あのメンバーの中で存在感を示すのは大変だったけど、自分にとってもよかったなと。

最近は、いろいろと考えさせられます。引退する選手も増えてきたし、現役でサッカーを続けていても、サブに回る選手も増えてきたので。「まだまだ頑張ろうぜ！」という思いは強いけど、僕が言ってもどうしようもないですからね。ただ、グラウンドに立てば本当に能力の高いメンバーなんで、ハイライト映像とかでみんなが頑張っている姿を見ると「俺も頑張ろう」と思います。今となっては、ファンと同じ目線。同学年のヤツらがJ1でも、J2でも、J3でも、海外でも、活躍していればすごく嬉しい。「ケガしないで頑張って」とか「結果を残して」と心から思うし、「また一緒にプレーしたい」って、そう思いますね。本当に、すごい学年です。自分でも思います、「僕らの世代が一番強かった」って。

# ハーフタイムは、意外と重要。

「ハーフタイム」の15分をめいっぱい使って話す監督って、たぶんダメな監督ですよね。だって、人間、15分前に言われたことなんてほとんど覚えてないですから。ハーフタイムの指示はシンプルであるほどいいと思うので、ポイントを絞ってパッと伝えるなら5分あれば十分じゃないかな。

ハーフタイムの15分間をどうマネジメントするかって、実はかなり重要だったりするんですよ。選手は疲れているし、夏場は暑いし、「冷たいタオルちょうだい～」とかずっと言ってるし、そんな状況で監督がずーっとしゃべってても耳に入ってこないですよね。だったらシャワーでも浴びて、すっきりして、気持ちを切り替えて、短い時間で監督の話を聞いたほうがいい。意外と重要なんですよ、ハーフタイム。

# ファンやサポーターの方からの〝声〟にも、向き合うようにしています。

ファンやサポーターの皆さんからは、本当にたくさんの〝声〟をもらいます。スタジアムでもいろいろ、練習場でもいろいろ、お手紙でもいろいろ。時々厳しい声をもらうこともありますけど、それもすべて〝声援〟と捉えて、僕自身、いろいろなことを考えながら皆さんの〝声〟と向き合っています。

いただくファンレターにもいろいろなものがあります。若い女の子がサッカーの細かい部分を指摘してくれたりして、「そういうふうに見られているんだ」と思うこともありました。すごいところを見ているなと、思わず感心してしまうものもありますね。「あのボールの回転がよかったです」って、はあ〜、すげーところを見てるなと。ボールの回転にはかなりこだわっているので、その反応はちょっと、嬉しかったですね。意外と、皆さんの意見から気づくこともあるんでね。ありがたいことです。

# 巻いてるだけであって、キャプテンマークに意味はない。

キャプテンマークを巻いて試合に出るのは……、それはもう、光栄なことですよ。素晴らしいことだと思うんですけど、別に、あれはただ巻いてるだけであって……。僕はチームの全員がキャプテンだと思っているので、正直なところ、キャプテンマークそのものに特別な意味があるとは、思ってないですね。

# 「ミーティングやろうぜ！」なんて、言ったことがない。

キャプテンマークの意味……。やっぱり、僕にとってはほとんどないですね。先頭で入場して、コイントスをして、円陣を組んだ時に声を掛けるだけ。それをやっているからといって、自分がキャプテンだという自覚はほとんどありません。キレイごとじゃなく、「全員がキャプテン」だと本気で思ってますから。

僕が知っている歴代のキャプテンで言うと、ほとんどがハセ（長谷部誠）と同じタイプかな。ちゃんとチームをまとめようとしてくれて、それはそれで、本当にすごいことだと思います。ガンバ大阪では、ツネさん（宮本恒靖）もそういうタイプ。日本代表では秋田（豊）さんも「行くぞ！」という感じで、どちらかと言えばそっち。あ、でも、ガンバなら、山口（智）とミョウさん（明神智和）はハセと僕の中間にいる感じかな。僕は極端なんだと思いますよ。「ミーティングやろうぜ！」なんて言ったことがない。でもまあ、みんなわかっていると思うんで、気にしてません。

# 50歳だって、25歳の選手よりもいいプレーをすれば契約してもらえるかもしれない。カテゴリーはどこであれ、自分がやりたいと思う限りやる。

選手でいるうちは成長したい。だから準備をするし、自分の〝マックス〟を伸ばしたいと思う。もちろん僕も、カズさん（三浦知良）のようになりたいと思いますよ。やり方は少し違うかもしれないけど、できるなら、50歳になっても25歳の選手よりいい結果を残したい。そうすれば、また契約してもらえるかもしれないから。

# 遠藤保仁という「ポジション」

CHAPTER 6

# 「わかりにくい選手」でいい。

遠藤保仁という選手は「わかりにくい選手」でいいんじゃないかな。僕自身、誰が見てもわかるような目立ち方をするよりも、実は陰で操っているというほうが好きだし、しかもそれを相手に悟られない、というのが理想的なのでね。目立たないけど、いないと回らない。そういう選手がいい。

# 信頼関係ができた時にどう思われるか。「アイツが抜けたチームは考えられない」そう思われる選手でありたい。

小さい頃は僕にも「目立ちたい」という気持ちはありましたよ。「ゴールを決めて注目されたい」とか、「うまい！」と思われたいとか。でも、プロになってから変わりましたね。たぶん、どの監督に聞いても同じことを言うと思います。「パッと見で目立つ選手ではなかった」ってね。

サッカーはチームスポーツだから、ある程度の時間が経って、信頼関係ができた時にどう思われるかが大切だと思います。「アイツがいると試合が落ち着く」とか「アイツが抜けたチームは考えられない」とか、そう思われる選手になりたいし、そういう信頼をどうやって勝ち取るかを考えながらプレーするようになりましたね。もっと言えば、練習で評価されなくても試合で価値を示せればいい。僕らがいるのは、そういう世界ですから。

# キャプテンには向いていない。頼まれたから、やっているだけ。

3年前からガンバ大阪でキャプテンを任されていて、日本代表でもキャプテンマークを巻いて試合に出ることがありましたけど……、皆さんもご存じのとおり、まったく向いてないと思いますね。自分から「やりたい」なんてまったく思いません。まあ、言ってしまえば、頼まれたからやっているだけなんです、ホントに。

どちらかと言えば、結果よりも過程を大事にするタイプですね。もちろん結果は必要だけど、それまでに「自分が何をしたのか」のほうが重要。攻撃の選手はゴールの瞬間にものすごい充実感を得ると思うんですけど、僕の役割は、テレビ業界で例えるならプロデューサーみたいなもの。「ほら！　めっちゃ面白い番組できそう！」とか、「ヤバい！　今回はちょっと面白くないかも！」とか思いながら、面白くなければどうやって編集するかを考えたりする。しかも、後から手を加えるんじゃなく、その場で編集作業をしなきゃいけないわけです。プロデューサーというより、演出家なのかな。僕はそういう仕事のほうが好きですね。

自分の役割は、
演出家。

試合に負けて、悔しくて眠れないということはありません。弱かったから負けたんだと思うし、内容が良くても結果がついてこないこともある。それがサッカーだから、反省ばかりしても仕方ないと思う。

　プレッシャーに押しつぶされそうになるという経験もないですね。むしろ、責任の重い試合というか、そういう状況を少しでも増やしたい。だって、重い責任を背負うということは、それだけ期待されているということでしょ？　そういう環境で仕事をするほうが、自然と努力しますからね。

# 重い責任を背負うほうが、むしろいい。

# サッカー選手じゃなかったら、少し違ったリーダーを目指すかも。

自分がもし会社員だったら、後輩に対して言う時はズバッと言うでしょうね。言わない時はとことん言わない。例えば自分が任されたプロジェクトなら、最終的には自分がやりたいようにやる。だから「ああしろこうしろ」って、めちゃくちゃ言うと思います。でも、誰か他の人に任されたプロジェクトなら、そいつがリーダーだから僕は何も言わない。もちろん、アドバイスを求められれば何でも話しますけど。

つまり、責任の所在がどこにあるのかが重要で、柔軟に対応しながらも自分の責任をしっかり果たすリーダーでありたい。ただ機械的に、強引に動かすのはちょっと違うと思いますね。ブレない部分を持ちながら、あらゆる状況に柔軟に対応する。そういうリーダーが理想です。

サッカーに関して言えば、自分の考えを言葉で表現しないところは、僕の短所だと思います。ベテランが若手を気にかけて声を掛けるのは、ある意味では普通のことですよね。でも、僕は若手に対してほとんど何も言わない。どんな状況にあっても、自分からは何も。ヒントを与えてしまうとそれに甘えてしまうし、自分で気づくチャンスを失ってしまうと思うんですよ。それって、本人にとってすごくもったいない気がして。

自分が何も言わなかったことによって若手がミスを犯しても、もちろん責めたりしません。それは僕がカバーしてあげればいいし、そいつにとって大きな経験になりますから。ストレスにもなりませんね。気づいているのかどうかを見極めながら、「アイツは伸びるな」とか「もう少しで気づくかな」とか、僕なりにそういう目で、ひそかに見てるんですよ。

若手に対しては、ほとんど何も言わない。自分で気づくチャンスを失ってしまうから。

僕らくらいの年齢になると、若い選手たちを見て「〝ギラギラ感〟が足りない」と思うことがよくあります。たぶん、それって間違いじゃない。自分が若かった頃と比べると、〝ギラギラ感〟は圧倒的に足りないと思いますから。ただ、彼らにそれを言っても理解できるはずがない。だって、育った環境がまったく違うんだから、仕方ないですよね。

それに、彼らはそういう〝ギラギラ感〟を持ってないわけじゃない。表現しようとしない、あるいは表現できない人もたくさんいるし、特にサッカー選手の場合は心の中にある熱いものを秘めたままにするヤツも多い。きっと、一般社会でも多いんじゃないですか？〝ギラギラ感〟が感じられない、若い世代の人って。まあ、どちらかと言えば僕自身もそうなので、なんとなくわかる気はします。

そういう若い選手たちと接する時、僕は基本的には何も言いません。何かを言うとすれば、２つだけ。「好きなようにやれ」と「その代わり、責任は自分で取れ」。僕らのような上の世代は、若いヤツらを見てイライラするのではなく、どっしり構えていればいい。言葉で伝えるより、姿勢で伝える。そのほうが、こっちの気持ちがちゃんと伝わる気がしますね。

## 若いヤツらには〝ギラギラ感〟がない。でも、それを求めても仕方がない。

# 人によって、見ている〝画〟も〝容量〟も違う。

サッカーをやっていれば、小さなストレスはいっぱいありますよ。「こっちにパスを出せばいいのに」とか、「そこでドリブル？」とか、自分のサッカー観と異なる場面は挙げればキリがないほどある。でもね、「こっちに出せよ！」とか、そんなところでドリブルすんなよ！」とか「そんなことを言うつもりはまったくないですね。だって、自分がボールを持った時も同じだから。「早く出せよ！」とか「こっちに出せよ！」って思われているかもしれないじゃないですか。言われないだけで。

サッカーは自分の他に10人のチームメイトがいて、人によって見ている〝画〟も、〝容量〟もまったく違いますよね。その11人は同じ目標に向かって進んでいて、適性を見極められた上でそれぞれのポジションにいるわけでしょ。だったら、MAXの容量でプレーしている選手に対して「なんでそうなるの？」とは言えないですよね。そんなの当然だと思う。

だから、一人一人が他の選手の〝画〟や〝容量〟に触れながら、自分の容量を少しずつ大きくしていくことが重要だと思うんですよ。そうして互いに重なり合う部分が増えてきたら、「なんで？」が「そうそう！」に変わる気がするんですよね。

サッカーにおいては、基本的には怒ったことがありません。誰に対しても褒めるところからスタートしているし、誰かのプレーを否定したことは一度もないと思います。「こうしたほうが良かったかもね」という感じで話すことはありますけど、「あのプレーはダメだった」とは絶対に言いません。たとえそれが失点につながろうが、チームの負けにつながろうが、絶対にないですね。

それがいいのか悪いのかは、僕にはわかりません。監督から見れば、「経験のある選手なんだからもっと強く言ってほしい」と思っている人もいるかもしれない。でも、僕はそれをやらない。サッカーにたったひとつの正解なんて、ないですから。

# 僕に怒られた選手はいないと思う。基本的に褒めるから。失点につながるプレーをしても、否定したことは一度もない。

# 上の人の経験より、下の人の想像力のほうがより良い結果を生み出すこともある。

サッカーで言えば指導者とか、会社で言えば上司とか、上に立つ人間の存在って、ものすごく重要ですよね。僕の場合、どんなに怒られても、どんなに失敗しても、なんだかんだで〝自分らしいプレー〟をすることを許してもらえていたし、伸ばしてもらえたんだと思います。だからこそ、ここまでくることができたと思う。

きっと、自分らしさを磨くことはどんな世界でもとても大切で、それを引き出すのは上に立つ人間だと思うんですよ。立場が上の人には決定権があるけど、下の人の可能性を潰しちゃダメ。もちろん、多く経験を積んでいる分だけ、それに基づいて良し悪しの判断を下すことはある。でも、自分の下にいる人の個性を認めてあげること、褒めてあげることもとても大切な仕事なんじゃないかなと。だって、上の人の経験より、下の人の想像力のほうがより良い結果を生み出すこともありますよね。僕はそこを理解してくれる上司が理想だと思うし、そういう人でありたいと思います。

決めつける上司は
好きじゃない。
「それはあなたの
考えでしょ？」って
思うから。

若い選手たちにほとんど何も言わないのは、「プロだったら自分で気づけ」と思うからです。僕らはプロの世界で生きているわけだから、自分で気づかなければ生き残れない。待っていれば誰かが手を差し伸べてくれるような甘い世界じゃないし、生き残りたいんだったら自分でアンテナを張って、気づいて、成長するしかないんですよ。もちろん、聞かれたら思っていることを話しますけど、僕から積極的に何かを伝えるようなことはしません。

だって、僕の考えが100%正しいわけじゃないでしょ？　だから「こうしたほうがいいかもね」とは言っても「こうしろ」とは言わない。僕の意見はあくまでひとつの可能性であって、あとは聞いた人が自分で判断すればいい。だから僕、決めつける上司は好きじゃないですね。「それはあなたの考えでしょ？」って思うから。もしかしたら正しいかもしれないけど、もしかしたら、もっと正しいことがあるかもしれない。

監督のサッカー観を変えて、自分の思いどおりにしたい。

サッカーは監督によっていろいろなことが大きく変わるので、それに合わせて自分を変化させるというか、適応するという力は必要だと思います。自分のイメージとズレているからといって、そのすり合わせができなければ試合に出られないわけですから。困るのは自分ですよね。

経験や立場によって、それができるようになるということもあると思いますよ。僕自身、若い頃は自分のイメージをうまく伝えられなかったこともあるし、うまく適応することができなかったこともあります。でも、年齢を重ねて、代表に入って実績や経験を積むことで立場も変わってきて、いろいろなことがスムーズに運ぶことはある。できる範囲で変化に対応する力は、選手として必要だと思いますね。

ただ、一方で、ブレない信念とか、得意としている部分に自信を持つことも大事ですよね。究極の理想は、監督のサッカー観を変えてしまうくらいの存在になること。それができれば、自分の思いどおりにできるし、そうなりたいという気持ちは常にあります。なかなか難しいですけどね。「遠藤がいるから、こういうサッカーをやろう」と思ってもらえるような選手でありたいとは思いますね。

# 「遠藤保仁」という人間

CHAPTER 7

サッカー以外
だったら、
あっさり諦める。

諦めるというか、得意な人に任せます。僕の場合、例えば機械系のこと。携帯電話のことがわからなかったら、自分で調べて何とかするのではなく、僕より得意なマネージャーに解決してもらいます。だって、そのほうが効率的じゃないですか。自分の不得意な部分は、誰かにカバーしてもらったほうがいいですよね。一人で何でもできる人なんて、たぶんいないんで。

でも、若い頃は「自分で何でもやりたい」と思ってましたよ。それが変わったのは、20代の半ばになってからかな。自分の長所と短所を理解してからですね。

マジな話、
エベレストに登ってみたい。
やるからには、
一番難しいやつに
挑戦したい。

僕は鹿児島県の桜島で生まれ育ったので、小さい頃から山登りが好きだったんです。山登りって、めちゃくちゃ苦しい思いをするけど、頂上から見る景色は最高じゃないですか。自己満足の世界かもしれないけど、僕はそういうのが好き。「トップに立つ」という意味じゃなくて、積み重ねてきた努力の結果として、見られる景色がある。だから、自分にとって難しいほど、その達成感が大きいですよね。

マジな話、エベレストには一度でいいから登ってみたいですよ。これ、すげーマジな話です。やるからには一番難しいやつに挑戦したいし、それをクリアした時の達成感って、ハンパじゃないから。大袈裟に聞こえるかもしれないけど、どんなに些細なことでも、そういう瞬間を味わえたら、見える世界がどんどん変わっていくと思うんですよね。

引退したらやってみたいのは、マグロの一本釣り漁。中途半端なヤツじゃなくて、本格的なヤツですよ。めちゃくちゃ大きな船で、半年くらい日本に帰って来られない遠洋漁業。生死を懸けて仕事する現場。釣った分だけ収入になる。憧れてるんです、そういう世界に。

僕、常に自分を追い込むような世界で生きていたいんですよね。サッカーをやめて普通の生活に戻ったら、そういう経験ってなかなかできないじゃないですか。そうなると、自分の体とか、考え方とか、そういうものが鈍ってしまいそうでイヤなんです。だから、やるからにはすごく過酷で、大きな目標を掲げる世界に身を置きたい。エベレストに登ってみたいと言ったのも同じ理由です。もちろん、そう簡単に実現するようなことじゃないんですけど。

そう考えると、僕、〝ドM〟でもあるし、反対に〝ドS〟でもあるんでしょうね。自分の限界を広げたいと思うメンタリティーは、2つとも持っていないと成り立たないんだと思います。

〝ドM〟でもあるし、
〝ドS〟でもある。

## “モテ期”マックスは小3。

小学生の頃は運動できればモテる、みたいな。高校時代は遊ぶ時間なんてなかったし、プロになってからはよくわからない。大人になってからはないっすね、モテ期。

## 子供の頃から、バカばっかかしてる(笑)。

自分の性格？　いや、昔から変わらないと思いますよ。子供の頃からこのまま。うん、変わらないと思いますけどね……、どうなんだろ。そもそも、大人になって性格が変わる人のほうが少なくないですか？　大人になったからといってどこかのタイミングで性格が変わるもんじゃないと思うし、僕自身もそうですよ。子供の頃から、バカばっかかしてる(笑)。

やる時はちゃんとやりますけどね。オンとオフがはっきりしていれば、それから、他人に迷惑をかけなければ、それでいいんじゃないかな。

# 物欲はまったくない。使えるものであれば何でもいい。スパイク以外はね。

何をやっても、道具にはあまりこだわらないですね。ずっと使い続けているものって、あったっけな……。あ、財布は長い。嫁さんからもらって、もう10年くらい。それから、スパイク。カカトの形とか重さを気にしているので、ずっとアンブロさんに作ってもらってます。そりゃあ、若い頃は物欲もありましたよ。ブランドもののバッグが欲しいとかね。でも、今はない。「買うぞ！」と決めた時は一気に買いますけど、普段からあれが欲しいとか、これが欲しいというのはない。まったくお金を使わない時もあるので、波がありますね。

## いつか、世界遺産を巡りたい。マチュピチュとか……。

サッカーのおかげで、今までいろいろなところに行かせてもらいました。まだ行ったことがないところで「行ってみたいな」と思うのは、メキシコとか、パナマとか、キューバとか、あっちのほう。行ったことがあるところで「また行きたい」と思うのは、スイスとかオーストリア。ハイジの世界が広がっていて、キレイなところだったから。

ショッピングするならパリもいいけど、どちらかと言うと、のんびりできるところのほうが好きですね。南アフリカのリゾート地とか。それから、世界遺産巡りもしてみたい。マチュピチュは本当に行ってみたいんですよ。

## ゴルフは僕向きのスポーツかも。ミスしてもまったく気にならないから。

ゴルフは好きだけど、センスはないですよ。何も考えずに打っているだけで、安定している時もあれば、

# 一番の目標は、長生き。

今の僕にとっての、一番の目標……。うーん、何なんですかね。サッカーのことじゃなければ「長生き」なんですけどね。そりゃあもう、世界最高を記録するまで。120歳くらい？　いいですね。もちろん健康な状態で、ですよ。

そうじゃない時もありますから。リフレッシュすることが目的なので、ストイックにやってるわけじゃありません。うまい人に「どこを狙えばいいですか？」と聞いておきながら、「どうせうまくいかないから」と開き直って打つ。そんな感じ。

でもまあ、何ていうか、性格は出ますよね。真剣にやればうまくなるだろうなとは、自分でも思います。ただ、真剣にやると面白くなくなっちゃうんですよ。そう言ったら真剣にやっている人に失礼かもしれないけど、言ってることは何となくわかるでしょ？「めちゃくちゃうまくなりたい」と思いながらやったら、僕向きのスポーツじゃなくなっちゃうんです。休みを利用して、年に3回か4回。そのくらいがちょうどいいかな。

僕の場合はミスしてもまったく気にならないし、「リカバリーすればいいんでしょ？」と思うだけ。向いていないのはコンちゃん（今野泰幸）。失敗したら落ち込むタイプだからね（笑）。

今、欲しい物は……、強いて言えば、ハワイに家を建てたい。それからビルを持ちたい。マイビル。仕事がなくなった時に収入になるでしょ？　それに、「マイビル持ってる」って言ったら、カッコいいじゃないですか。プライベートジェット機とかもいいですね。楽だから。つまり、ただ単に〝楽〟したいんですよ。頑張って楽したい。あと、人が持たないようなものを持ちたい。マイビルとかプライベートジェットとか言いましたけど、何でもいいんですよ。楽できて、人が持ってないようなものなら。

# ハワイに家やマイビルが欲しい。仕事がなくなった時に、収入が得られるから(笑)。

# 日本ではできないことも、ハワイでなら楽しめる。

長期の休みの時は、家族と一緒に普段できないことができるので楽しみですね。海外旅行に行って、周りを気にせずに海で遊んだり、オープンカーに乗ってみたり。大したことじゃないかもしれないけど、家族とそういう時間を過ごすことが楽しみです。オープンカーに乗るなんて日本でやったら目立っちゃうけど、ハワイなら何でもありじゃないですか。そういうのがいいんですよね。普段やれないことを、めいっぱい楽しむ。

ハワイは好きですね。何といっても楽。日本語も通じるし、日本食もあるし(ちなみに、僕がよく行くお店は「WADA」)。シーズンオフの12月から1月にかけて行くんですけど、その時に全国から友達が集合するので、みんなでワイワイと過ごす時間がとても楽しい。あの時間は大切ですね、ホントに。

下ネタは
世界共通。
男同士が
仲良くなるのに、

# 手っ取り早い手段です。

下ネタ……、言わないわけないじゃないですか。この本で具体的なことは書きませんけど、全然言いますよ（笑）。下ネタが嫌いな男性っていないでしょ、たぶん。「お前、バカだなぁ」ってことも聞きますし、自分も言います。それって、自分の経験とか、けっこう深い部分を相手に教えるってことじゃないですか。だから男同士が仲良くなるのに一番手っ取り早い方法なんですよね。チームワークを高めることにもつながると思いますよ（笑）。あ、皆さんがどんな下ネタを想像しているかはわかりませんが……、高校生レベルです。いや、中学生レベルかな。

# 慣れてないテレビ出演も、全然緊張しない。違うジャンルの人に会える楽しみのほうが大きいから。

どんな番組に呼ばれても、基本的に緊張はしないですね。サッカーと違って、テレビに出ることに慣れていないので、変な感覚はありますけど。でも、自分とは違うジャンルの人たちに会えるという楽しみがありますしね。

普段とは違う環境での仕事なので、「こうやって収録してるんだ」とか、新たな発見もあります。収録している時は、たまに「長いな〜」と思うこともありますけど、最後は楽しかったなって思うことがほとんどです。

# もちろん、断れるわけないじゃないですか。

テレビは、まあまあ観るほうかな。自宅じゃなく、遠征先で観るほうが多いですけど。

好きな番組は、『アナザースカイ』とか〝警察24時〟とか。『やりすぎコージー』や『カンブリア宮殿』も好きですね。『アナザースカイ』に出演させてもらった時は、めっちゃ楽しかった。自分が好きなブラジルに行けたということもあり、すごくいい経験をさせてもらいました。

ゲームに挑戦するような『VS嵐』とかも好きですね。『とんねるずのみなさんのおかげでした』では高級腕時計を〝買わされ〟ましたけど、それはそれで楽しかったです。もしまた出演オファーがあったら？　もちろん……、断れるわけないじゃないですか(笑)。（木梨）憲武さんとも親しくさせてもらっているので。

# ゴールが見えない生き方のほうが好き。

この年齢になると、若い頃とは違った意味で「未来」について聞かれることも増えますよね。でもね……、僕は、先が見えないほうがいいんです。むしろゴールが見えないくらいのほうが好き。だって、ゴールしちゃったら面白くないじゃないですか。

だから引退についても、今のところは何も考えてないですね。それが見えないから今を楽しめるわけで、ゴールがどこにあるのかも、いつゴールできるのかもよくわからない。そのくらいがいいかなと思いますよ、今のところは。

# 「父親」そして「夫」として…

CHAPTER 8

もし僕のことを
亭主関白と
言うなら、
もう、世の中
終わりですね。

他の家庭のことを知らないのでアレですけど、亭主関白ではないですね、たぶん。家では頼まれれば何でもやるし、自発的にもある程度やるし、嫁さんに「あれ取って」とか言わないので。もちろん「メシ!」とか「風呂!」とか「服!」とか「リモコン!」とか言わないし、料理に関してはむしろ「俺作ろっか?」と聞くくらいですから。料理に関しては、料理教室に通いたいと思ってるくらい。速水もこみちさんより1歩か2歩手前のレベルくらいまでにはなりたいという願望がありますね。

家庭の決定権はどちらかと言えば僕にありますけど、嫁さんが決めることもたくさんあります。はい、ぜひ嫁さんに確認してみてください。もし僕のことを亭主関白というなら、もう、世の中終わりですね(笑)。

# クラブハウスを出た瞬間に、スイッチを切る。

オフは家族で買いものに行ったり、そのへんをブラブラしたり。子供たちとは、基本的に休みが合わないんですよ。だから出掛ける時は嫁さんと二人のほうが多いかな。買いものに行ったり、ランチするくらいですけどね。夫婦で過ごす時間は、まあまああるほうだと思いますよ。

サッカーをやっていない時は、サッカーのことはほとんど考えないですね。次の試合の相手について考えることなんてあり得ないし、自宅でサッカーの中継を観ることもほとんどない。子供たちがサッカーが好きなので、一緒に観るということはありますけどね。でも、基本、クラブハウスを出た瞬間にサッカー選手としてのスイッチを切ってしまうので、そうなるともう、本当にどこにでもいる普通の人ですよ。

# 嫁さんに仕事の話はしない。サッカーのスケジュールも知らないかも。サイト見れば練習時間書いてあるしね。

嫁さんには、本当にいろいろとサポートしてもらっています。自分がストレスを溜めずにサッカーに集中できているのは、嫁さんのおかげ。結婚することによって責任感も増すし、子供ができればもっと頑張ろうと思える。見えない部分も含めて、家族にはいろいろと支えてもらっていますね。

ウチの嫁さんとは、まったくと言っていいほどサッカーの話をしません。僕のスケジュールも知らないと思うし、何かを相談することもほとんどないですね、サッカーのことに関しては。彼女はサッカーに特別な興味があるわけじゃないし、僕としてもそのくらいのほうが楽。だって、イヤじゃないですか。家に帰って「あのプレー、ああだったよね」とか言われるの。メンタル的に弱っている時は相談したりするのもいいけど、僕の場合、メンタル的に弱るということがまずないですから。だから、いつも普通に接してくれるほうがいいし、ウチはそうしてくれるので助かります。すげえ感謝してます、本当に。

# 僕たち夫婦はいつも自然体。

ウチは本当に、いつも自然体です。何しろ高校1年の頃から付き合ってますから。ただ、学校は一緒だったけど、向こうもバスケをやっていたので会える時間はあまりなかったかな。その時代は携帯電話もなかったので、ポケベルでやり取りしてました。近所の公園で話して、それで帰るみたいな。嫁さんは寮に住んでいたし、僕は家が遠かったので。まあ、懐かしいっすよね、ポケベル。

# 子育ての難しさは……特に感じてない。

怒る時は怒りますよ。でも、嫁さんが怒ったら僕は怒らない。二人で同時に怒らないようにしてるだけかな。子育ての難しさは……、特に感じていません。僕は男だけの3兄弟なので、女の子の育て方はよくわからなかった。だから基本的には嫁さんに任せて、男の子には厳しくバシバシ言ってます。でもまあ、家族には本当に支えてもらっています。家族がいるから頑張れると思う。それは間違いないですね。

いつまでも娘が
僕の膝の上に
座ってくれる、

# そんな父親でありたい。

父親としては、そうありたいですよね。何も言わずに、ポンと座ってくれる感じ。せめて高校生くらいまではね。ごく自然に、すぐ近くにいる。そういう関係になれたらいいなと思います。長女の友達はもう「お父さんがイヤ」とか言っているらしいので、いつまで続くかわからないですけど。

デートするのもいいですね。今のところは大丈夫。一緒に行ってもらえる気がします。普段から意識していることは特にありません。

# 子供のしつけは、「他人に迷惑を掛けない」ただそれだけ。

それくらいしかないですね。ウチはあまり、口出ししないようにしています。親がダメだと思っても、その子にとっては大好きなことかもしれないし、才能があることかもしれない。だから、他人に迷惑を掛けない、もしくは、迷惑を掛けてしまっても自分で責任を取るということだけを徹底しています。

それができない時はもちろん怒りますし、何かあっても簡単には手を貸しません。公園で遊んでいて転んでも、しばらく黙って見ている。そういう育て方が、僕自身は好きかな。たぶん、自分がそうやって育てられたからだと思います。

# 家に帰ったら、一番下の息子と散歩。時間がある時は、嫁さんとランチ。

家族と過ごす時間は、どうしても子供がメインになっちゃいますよね。でも、僕はそれでも全然いい。家族とのんびり過ごせれば、それでいいんですよ。一番下の息子と散歩する時間も好きだし、時間がある時は嫁さんとランチに行くのも楽しめますね。

# 現役でいる間だけのこだわりは、キレイなお風呂に入ること。そのくらいの贅沢なら、悪くないですよね？

こだわり……。最近なくなりましたね、いろいろと。まあ、あえて挙げるなら風呂かな。僕ね、キレイなお風呂に入りたいんですよ。しかも、寝る前に。だから、ウチでは家族が入った後に、一度全部流して、軽く掃除をして、またお湯を張ってから入ります。

まあ、嫁さんにはいつも怒られるんですけどね。「もったいない！」って。でも、どうしても、風呂だけはキレイな状態で入りたい。これも現役を引退したらやめると決めているので、現役でいるうちは許してもらいたいなと。そのくらいの贅沢なら、悪くないですよね？

# 遠藤家は遠藤家。

## オンリーワンでいいんじゃない？

これぱっかりはもう、他の家庭のことを気にしても仕方ないですからね。特に意識しているわけじゃないけど、家族なんて、どこもオンリーワンでしょ。ちなみに、すべてにおいて「オンリーワンを目指せ」ということじゃないですよ。子供たちに「ナンバーワンになりたい」と思うものがあればそれを目指せばいいし、そうじゃなければ……、というか、どっちでもいいかな（笑）。自分の考え方を押し付けるようなことはしたくないんで、本人たちに任せますし、何か手伝えることがあればサポートしますよ。

# 遠藤家での
# ポジションは、
# GK
# ということで。

家庭における僕のポジションは、監督かＧＫのどちらかでしょうね。最終的な決定権があるという意味では、監督。最後尾でどっしり構えて守るという意味では、ＧＫ。まあ、亭主関白じゃないんでＧＫですかね。うん、そうしましょう。家庭における遠藤保仁のポジションは、ＧＫということで。

CHAPTER 9

# サッカーが大好きな「若者たち」へ

みんなで喜んだり、
悲しんだりする。
それが
サッカーの魅力。

サッカーの楽しさをものすごく単純に言えば、ひとつのボールを全員が必死になって追いかけることだと思います。ゴールを奪うために、またはゴールを奪われないために、全員がガムシャラになってボールを追いかける。観ている人も同じ気持ちになって、心の中でボールを追いかける。そうやってスタジアムに一体感が生まれて、その一体感はテレビを通じてもっとたくさんの人に共有してもらえる。うん、そこが一番の魅力じゃないかな。つまり、みんなで喜んだり、悲しんだりするっていうところ。

ボールを持った
ヤツが王様。
「1人の王様と
10人の家来」
そんな関係が
面白い。

グラウンドの上では、ボールを持っている人が王様。その人の選択によってすべてが決まります。だから、サッカーって、例えるなら「1人の王様と10人の家来」ですよね。パスを回したり、相手からボールを奪ったり、奪われたりして王様がコロコロ変わる。それがサッカーの魅力かな。

もちろん、チームとして、組織としての王様は監督です。だから、こうしてほしい、ああしてほしいという監督の考えは、頭の中に入れてプレーしなければならない。でも、試合が始まれば選手ひとりひとりが王様なので、監督が思っていること、考えていること以上のことをしても構わないわけです。結果的にプラスになっても、マイナスになっても、どんどんやればいい。そりゃあ、マイナスになれば怒られますよ。でも、それを怖がっていたら自分が成長しない。つまりプラスになる可能性も広がりませんからね。

野球の場合、監督からバントのサインが出ているのにバントをしなかったらめちゃくちゃ怒られるでしょ？　サッカーはそうじゃないし、ミスをしてもチームメイトがカバーしてくれるので、怒られることにビビっていたら何もできなくなってしまう。自分を成長させるということは、グラウンドに立つ一人の王様として、その権限や可能性をデカくすること。僕らはその努力をしているわけで、11人のチームというのは、そういう人たちの集まりじゃなきゃいけないと思いますね。

# 今の僕の立場と経験から伝えられることは、自己分析はとても大切だということ。

指導者の力は本当に大きいと思います。特に高校生とか、そのくらいの年代で良い指導者に出会えるかどうかは、すごく大切なこと。

これは、プロができて二十数年しか経っていない日本では特に難しいことで、本当の意味でプロの世界を知っている指導者はまだまだ少ない。逆に考えれば、南米やヨーロッパの強みはそういうところにもありますよね。かつて代表選手としてワールドカップに出場したような人が、小さな子供たちを教えるという文化が定着しているわけだから。

今の僕の立場で教えられることは、自分の長所と短所を把握すること、つまり自己分析することがとても大切だということです。

# 「もっとうまくなりたい」という気持ちになったとき、自分と向き合うチャンス。

自分自身を分析するという力は、どんな選手にとっても必要なんじゃないかなと思いますね。でも、これは本当に難しくて、プレースタイルも性格も、置かれた環境もそれぞれ違うから、誰もが同じようにそのきっかけをつかめるわけじゃない。自分に自信がなければサッカーにのめり込めないと思うし、そこで一度突き抜けて、「もっとうまくなりたい」という気持ちを持ち始めた時に、自分と向き合うチャンスが生まれるんだと思うんです。他の人のことはわからないけど、僕自身はそうだったから。

まずは自分のやれる
範囲で一生懸命やる。
そのやれる範囲を
徐々に広げていけばいい。
無理しなきゃいけない時は

# 必ずあるけど、嫌ならやらなければいい。

「マイペース」とは〝自分のペース〟という意味で、つまりみんなマイペースなわけですよね。そういう意味では、誰かのペースに合わせたり、自分のペースを崩す必要って、ないんじゃないかなと僕は思います。

もちろん、背伸びする必要がある時もありますよ。でも、まずは自分のやれる範囲で一生懸命にやることが大事で、その範囲とか、限界をちょっとずつ広げていこうと努力することが大事。無理しなきゃいけない時は、必ずある。でも、嫌なら、もしくはどうしてもできないなら、やらなければいい。一度諦めて手を引くか、それができるようになるまで努力するか、もしくは、気が向いたらまたトライすればいいんじゃないですか？

# 自分から見た自分と、他人から見た自分は違う。第三者の意見には、自分の短所が見え隠れする。

自分の短所をなくそうとすることは、長所を伸ばすためにも必要ですよね。それはずっと考えています。自分から見た自分と他人から見た自分には、どうしてもギャップがある。だから他人の意見を素直に聞けるかどうかは、すごく大切なことだと思っています。

他人の意見に対して「自分の考えていることとは違う」と思っても、自分の捉え方だけを優先させない。第三者の意見には自分の短所が見え隠れすることがあるので、その言葉にしっかりと耳を傾けて、受け止めて、もう一度自分の中で考えてみる。そうやって分析することで、「今の自分がやるべきこと」が決まってくると思います。

自分にしかわからない壁も、たくさんありますけどね。大きな壁も、小さな壁もある。課題を見つければ、それが「壁」になるし、チームとして苦しい状況に直面すれば、それも「壁」になる。過去のひとつひとつを振り返ろうとは思わないけど、まあ、サッカーをやっていれば、いくらでもありますよね、壁。

逃げ出したことは、一度もありません。まあ、「こんなキツい練習、とっとと終わらせたい」という時はありますよ。吐き気がするくらいキツい練習で、「やめたいなあ」と思う時も。まあ、それでもやっちゃうんですけどね。

壁なんて、いくらでもあった。
練習を止めたいと
思うことなんてしょっちゅう。
でも、サッカーから
逃げたいと
思ったことはない。

# 泣きたかったら泣けばいい。怒りたければ怒ればいい。

メンタル的に成長した部分を挙げるなら、何に対しても動じなくなったことですね。大きな試合も、小さな試合も、いろいろな経験をさせてもらいましたけど、経験を重ねるうちに試合の大小や展開、アクシデントによる影響を受けなくなった気がします。もともとの性格もあるとは思いますけど、経験によるところも大きいんじゃないかな。

でもね、僕みたいな選手ばかりだったらつまらないですよ。怒りたければ怒ればいいし、泣きたかったら泣けばいい。僕はただ、打たれても〝打たれていないフリ〟をするほうが駆け引きで優位に立てると思っているだけで、やり方は自由ですから。サッカーは11人でやるスポーツなので、いろんなプレースタイルや性格の選手が、それぞれの足りないところを補いながらやればいいんですよ。だから面白いし、その面白さにキリがないんでしょうね。

# ピンチをチャンスとは思わない。ピンチはピンチ。乗り越えた先に、キレイな景色があるとは限らない。

よく「ピンチは最大のチャンス」とか言いますけど、ピンチはピンチですからね。ピンチの時に「チャンス！」なんて思わない。ピンチの先にチャンスがあるわけで……。しかも、ピンチの後もピンチかもしれないし、ずーっとピンチかもしれない。でも、そこで諦めてしまったら、それまで。乗り越えて、さらに乗り越えて、その先にあるチャンスを摑むからこそ、達成感があるし、面白いんだと思う。

秀でた才能が
なくたって、
〝見えにくい部分〟を
鍛えれば、

# プロの世界でも生き残れる。

改めて振り返ると、僕、これだけ身体能力がないのに、よくもこれだけ続けてこられたなと思いますね。足も速くない。フィジカルも強くない。プロの平均よりずっと劣っているので。サッカー少年たちには、〝見えにくい部分〟で力をつければ、プロの世界でも生き残れるということをわかってもらえたら嬉しい。

どっちかと言えば、名波さんとかシュンも〝こっち側〟ですよね。やっぱり、そういう選手がもっとたくさん出てきてほしい。サッカーが面白くなる気がするから。

捨てずに変化する。
変化に
乗り遅れなければ、
生き残る可能性は
高くなる。

監督に合わせることと同じように、時代に合わせることも必要ですよね。例えば、僕がプロになったばかりの頃と今を比べても、やっているサッカーがまったく違う。時代は流れますからね。それに合わせてサッカーも変わるので、大なり小なり、そうした変化に自分を合わせることは絶対に必要だと思います。

ただ、すべてを変える必要はないんですよ。自分が一番大事にしているものがあるなら、それを捨てずに、それ以外の部分を変化させる。そうやって時代の変化に乗り遅れない……、いや、どうせなら先回りをするくらいでいいんですよ。そうすれば、生き残れる可能性は高くなりますから。

Staff

装 丁／門田耕侍
撮 影／宮坂浩見
企画・構成／石井美由紀
執筆協力／細江克弥
スタイリング／大久保篤志　伊藤伸哉
ヘアメイク／笹井紀宏
（grace by afloat）

マネジメント／三野廣一郎
（株式会社 11aside）
日下裕己
（株式会社 11aside）
宮島一翔
（株式会社 11aside）
協 力／奥永憲治
（株式会社 ガンバ大阪）

衣装協力／SOPH.co.,ltd.（東京都渋谷区神宮前 3-34-10 1F ☎03-5775-2290）
The Stylist Japan®


白紙《はくし》からの選択《せんたく》

二〇一五年一二月一〇日　第一刷発行
二〇一六年 一 月二五日　第三刷発行

著者―遠藤保仁《えんどうやすひと》

発行者―鈴木 哲　発行所―株式会社 講談社
東京都文京区音羽二丁目一二番地二一号　郵便番号一一二―八〇〇一
電話　出版　〇三―五三九五―三四七四
　　　販売　〇三―五三九五―三六〇六
　　　業務　〇三―五三九五―三六一五
印刷所―慶昌堂印刷株式会社
製本所―株式会社国宝社




ISBN978-4-06-219564-5
N.D.C.914 200p 19cm